Bilbao

Dirección editorial: Raquel López Varela

Coordinación editorial: Eva María Fernández

Textos:
Pies de foto: Julia Gómez Prieto
Introducción a «Una Joven Villa de 700 Años»: Manuel Montero
Introducción a «Paisaje Urbano»: Kosme de Barañano
Introducción a «Una Ciudad Viva»: Ángel María Ortiz Alfau
Introducción a «El Nuevo Bilbao»: Alfonso Martínez Cearra

Fotografías: Santiago Yaniz Aramendia
Fotografías del Museo Guggenheim: Santiago Yaniz © FMGB Guggenheim Bilbao Museoa.

Diseño de maqueta: Luis Alonso Vega

Diseño de cubierta: Luis Alonso Vega y Francisco A. Morais

Diagramación: Gerardo Rodera

© EDITORIAL EVEREST, S. A.
Carretera León-La Coruña, km 5 - LEÓN
ISBN: 84-241-0001-8
Depósito legal: LE. 160-2001
Printed in Spain - Impreso en España

EDITORIAL EVERGRÁFICAS, S. L.
Carretera León-La Coruña, km 5
LEÓN (España)

Bilbao

MONUMENTAL
Y
TURÍSTICA

Fotografías de Santiago Yaniz Aramendia
Textos de Julia Gómez Prieto

EVEREST

Santiago. | s. S. Nicolas. | 9. N. S. de Begoña. | 13. La Concepcion. | 17. La Renteria | 21. Bilbao la Vieja
S. Ant. Abad | 6. S. Juan el Viejo. | 10. La Esperanza. | 14. La Merced. | 18. La Casa Consist. | 22. El Puente
S. Francisco. | 7. S. Augustin. | 11. La Cruz. | 15. S. Monica. | 19. El Hospital | 23. Caminos nuevos
San Juan. | 8. S. Bizente. | 12. La Encarnacion | 16. L. Plaza. | 20. El Arenal. | 24. Archanda

VISTA.
DE LA MVY NOBLE VILLA
DE.
BILBAO.

En esta vista clásica de Bilbao en el siglo XVIII, sobre el año 1740, el Casco Viejo ya está ampliado con las nuevas calles que miran al vado del Arenal. Se distinguen las iglesias de Santiago y de San Antón y la Plaza Nueva. En primer plano está la Plaza Vieja con el primitivo Ayuntamiento y Casa del Consulado. Dibujo de Thomas Morony en 1784.

XVIII. mendeko Bilboko ikuspegi klasikoa, 1740 urte ingurukoa. Alde Zaharra Areatza aldera zabalik da dagoeneko. Santiago eta San Anton elizak eta Plaza Berria ikus daitezke. Aurrealdean, Plaza Zaharra, antzinako Udaletxe eta Kontsuletxearekin. Thomas Morony-ren marrazkia, 1748koa.

A drawing by Thomas Morony, 1784. In this classic view of 18th century Bilbao, circa 1740, the Historical Quarter has been extended with the new streets that look towards El Arenal. We can see the churches of Santiago and San Antón, together with the Plaza Nueva. In the foreground is the Plaza Vieja with the original Town Hall and Consulate Building.

Una Joven Villa de
700 Años

En el principio fue la ría, también el hierro, y la gente, y el trasiego de mercaderías –los fardos de lana que llegaban de Castilla y que se embarcaban con destino a los puertos del norte de Europa–. Pero sobre todo la ría, que estuvo en el origen de la villa. La ría, navegable hasta San Antón, fue la razón de ser de la villa comercial que fundara Don Diego López de Haro, Señor de Vizcaya, quinto de este nombre, apodado El Intruso, allá por el año 1300, en la carta-puebla que firmara en Valladolid aquel 15 de junio.

Han pasado 700 años, un breve lapso histórico, si se compara con la longevidad de tantas ciudades, muchas milenarias, a veces hoy un recuerdo, o poco más que una aldea. Es Bilbao una población joven, si se mide en los calendarios seculares que marcan la vida de las ciudades que cuentan algo en la historia y que lo siguen haciendo cuando acaba el siglo XX. Pero Bilbao, siempre población orgullosa y optimista, ha ostentado a lo largo de los siglos la condición de ciudad vital y, por qué no decirlo, de ciudad consciente de que no era flor de un día, de su destino como realidad urbana capaz de imponerse sobre las vicisitudes. Así fue desde sus principios. También a lo largo de los tiempos. Y hoy, al abordar decidida el siglo XXI.

Sabemos que antes de 1300 existía una población de pescadores, mineros, ferrones y comerciantes, en el lugar donde se fundó Bilbao. Pero la carta-puebla que la convirtió en villa fue el punto de arranque para su prosperidad mercantil y urbana. ¿La razón? Además de los derechos que dio a sus pobladores, imprescindibles para que la villa sobreviviese a las agitaciones medievales, le otorgó uno fundamental: la jurisdicción sobre la ría, desde San Antón hasta el Abra, de modo que Bilbao pudiese ser el puerto del Nervión. Luego, en 1310, con la carta-puebla de María Díaz de Haro vinieron otros privilegios: sobre todo, fue el principal camino de Vizcaya y con él, el comercio pasará forzosamente por Bilbao.

Así empezó todo. Una ría navegable, un puerto interior –seguro, por si atacaban piratas o banderizos, que de todo ha habido–, derechos sobre el comercio. Los bilbaínos aprovecharon su oportunidad. Pronto fueron la principal población del Señorío de Vizcaya, si la importancia puede medirse en términos de poder económico y de orgullo social. Primero fueron tres calles, después las Siete, que, entre la iglesia de Santiago y la ría, rodeaba la muralla medieval. A fines del siglo XV la iglesia de San Antón, la Puente Vieja, la plaza del mercado –donde hoy está el de la Ribera– eran ya los símbolos de una villa que cada vez contaba más en el mundo de las relaciones mercantiles. En 1511 se fundó el Consulado y Casa de Contratación de Bilbao, y el acontecimiento consagraba su preeminencia mercantil.

Los siglos siguieron: lentamente, pero de forma imparable, la villa de los mercaderes –y de los artesanos, y de las autoridades del Señorío, y del ir y venir de la vitalidad ciudadana– siguió creciendo. En términos comerciales, pero también humanos. La urbe desbordó las murallas que la encorsetaban, creció hasta el Arenal, integró el barrio de pescadores de San Nicolás. En 1699 nacionalizó su comercio, pues dispuso que ningún extranjero negociase en la villa. En el siglo XVIII llegó la máxima prosperidad del Bilbao tradicional. Los comerciantes bilbaínos mercadeaban por toda Castilla la Vieja. También en Inglaterra, en los Países Bajos, en Francia...

No faltaron los momentos difíciles, conflictivos. En el XIX, ese siglo contradictorio, Bilbao sobrevivió a varios sitios, fue villa invicta, y proliferaron los mitos del Bilbao liberal, inaccesible a los invasores. Con todo, aquello no fue lo más importante, sino el momento espléndido de fines de la centuria, el fenomenal desarrollo industrial que tuvo como epicentro la villa, que dirigió Bilbao y que abarcó a todos los municipios aledaños a la ría.

Todo cambió y la villa de los comerciantes se convirtió en la ciudad febril y fabril en que todo fue posible; en la ciudad cuya población se multiplicó súbitamente, en la que tenían su asiento las iniciativas ferroviarias, industriales, hidroeléctricas, el impulso de los altos hornos, las navieras... Es, en parte, la historia de nuestro siglo XX, el que ahora abandonamos, todavía sin la nostalgia que llegará pronto. La ciudad orgullosa que se extendió por Abando, el Ensanche. Que integró los pueblos de sus alrededores, que se convirtió en referente de su entorno próximo y contó incluso lejos de su hinterland inmediato. Que superó las crisis industriales y asimiló las sociales.

Y que encontró en el Guggenheim, al final del XX, el simbólico mascarón de proa con el que afrontar su nuevo destino de ciudad de servicios. En este punto conviene deshacer un malentendido. El Guggenheim y el Metro, y el nuevo puerto, y la transformación de Abandoibarra, y la transfiguración urbana de la última década del XX no son recursos defensivos, mucho menos los estertores de la ciudad industrial que fenece, contra lo que suele pensarse. Es la apuesta decidida, imparable, incluso arrogante, de una ciudad que cree en el porvenir. En esto no hay novedad: Bilbao, en estos 700 años, siempre ha creído en su futuro. Hoy también, por supuesto.

Bilbao es una ciudad joven, es cierto. Pero con una constante histórica: siempre ha sabido de sí misma que es una villa, una ciudad que no tiene parangón. No reconoce modelo, no quiere imitar a ninguna otra. Se afirma sobre sus propias energías, confía –ha confiado siempre– en su fuerza urbana interna, en su orgullo, displicente pero firme. Algo intangible, no mensurable, pero que forma parte del particular e intransferible universo de los bilbaínos: la conciencia de que afrontará con éxito las trabas físicas de su espacio encorsetado –así lo ha hecho siempre–; también el de las coyunturas económicas, también el acoso de las turbulencias sociales.

En otras palabras, don Diego López de Haro tuvo un buen día el 15 de junio de 1300. Y los bilbaínos nunca tuvieron dudas de que, desde ese momento, era suyo el tiempo, y que había que aprovechar las ocasiones. O crearlas. Es verdad: Bilbao se siente joven tras cumplir sólo 700 años. Es seguro que se sentirá joven, lleno de esta energía privativa e intransferible, cuando cumpla el octavo centenario. Ojalá los siguientes. ¿Ojalá? Es inevitable. Historia obliga.

Manuel Montero
Catedrático de Historia Contemporánea
Rector de la UPV/EHU

Página de al lado, fachada principal de la Universidad de Deusto vista desde la antigua Campa de los Ingleses. El tranvía eléctrico entre Bilbao y Las Arenas ya discurría, en el año 1897, por la Avenida de las Universidades. Postal de época.

Alboan, Deustuko Unibertsitateko fatxada nagusia, Ingelesen Zelai zaharretik ikusia. 1897 urterako, Bilbo eta Areeta arteko tranbia elektrikoak jada Unibertsitateen Hiribidea zeharkatzen zuen. Garaiko postala.

Following page, a period postcard. The main front of the University of Deusto seen from the former Campa de los Ingleses. In 1897, the electric tram that went from Bilbao to Las Arenas ran along the Avenida de las Universidades.

700 Urteko
Hiribildu Gaztea

Hasieran itsadarra izan zen, burdina ere, eta jendea, eta merkantzien joan-etorria –Gaztelatik iristen zen artilea eta Iparraldeko Europako portuetarantz bidaltzen zena–. Baina, batez ere, itsasadarra, hiribilduaren sorreraren eragile. San Antoneraino nabigagarri zen itsasadarrari esker merkataritza gune bihurtuko zen hiribildu hau Diego López de Harok, Bizkaiko Jaunak, izendapen bereko bosgarrenak, Arrotza ezizenekoak, sortu zuen, 1300eko ekainaren 15ean, Valladoliden izenpeturiko hiri-gutunaren bitartez.

700 urte joan dira, lapsus historiko benetan laburra, beste hiri batzuen milaka urtekoak ere-adinean erreparatzen badugu. Bilbo hiri gaztea da, historian zehar zeresanik izan duten eta XX. mendearen amaieran zeresanik izaten jarraitzen duten hainbat hirirekin alderatzen badugu. Nolanahi ere, Bilbo, harro eta optimista beti, hiri bizia izan dugu betidanik, egun bakarreko lore ez izateaz kontziente, halabeharraren gorabeheretatik aparte bizi izan den errealitate urbanoa. Horrelaxe izan da hasieratik bertatik. Baita mendez-mende ere. Gaur egun, XXI. mendearen atarian, halaxe izaten jarraitzen duen bezalaxe.

Egia da 1300 urtearen aurretik arrantzalez, meatzariz, olagizonez eta merkatariz osatutako jende multzoa bizi zela gerora Bilbo sortuko zen leku berean. Edonola ere, hiribildua sortu zuen hiri-gutuna izan zen, zalantzarik gabe, Bilboren merkataritza eta hiri arrakastaren egiazko abiapuntua. Zergatik? Bertako bizilagunei eman zizkien eskubideez gainera –Erdi Aroko aro liskartsuari aurre egiteko ezinbestekoak–, funtsezko agindu bat ezarri zuelako: Bilbok itsasadarraren gainean izango zuen jurisdikzioa, San Antonetik Abra bokaleraino, zeinaren bitartez hiribildua Ibaizabaleko portu bihurtzen baitzen. Gerora, 1310ean –Mara Daz de Haroren hiri-gutuna–, beste pribilegio batzuk bereganatu zituen: batik bat, Bizkaiko bide nagusi bihurtu zen, eta, ondorioz, merkataritzarentzat ezinbesteko pasabide.

Hauxe izan zen hasiera. Itsasadar nabigagarri bat, lur barneko portu bat –pirata edo bandokideen erasoetatik urrun– eta hainbat merkataritza eskubide. Bilbotarrak aukeraz baliatu ziren. Berehala, Bilbo Bizkaiko Jaurerriko lehen hiri bihurtu zen, nagusitasuna botere ekonomikoak eta harrotasunak ezartzen dutela esan baliteke. Hasieran hiru kale ziren, gero Zazpi, San Anton eliza eta itsasadarraren arteko Erdi Aroko harresiez inguratuta. XV. mende amaieran, San Anton eliza, zubi zaharra eta merkatuko plaza –gaur eguneko Erriberako merkatua– salerosketan geroz eta garrantzi handiagoa izango zuen hiribilduaren sinbolo bihurtu ziren. 1511n, Kontsuletxea eta Kontratazio Etxea sortu ziren, hiriaren merkataritza nagusitasunaren adierazgarri.

Mendez-mende, astiro baina etenik gabe, merkatarien eta eskulangileen, Jaurerriko agintarien eta jende bizkorraren hiriak hazten jarraitu zuen. Bai salerosketaren esparruan eta baita giza esparruan ere. Hala, hiriak harresiak gainditu zituen, Areatzaraino zabaldu eta San Nikolas arrantzale auzoa bere egin zuen. 1699an, salerosketa nazionalizatu zuen, atzerritarrei hirian negozioak egitea galaraziz. XVIII. mendean, Bilbo tradizionalaren une gorena iritsi zen. Bilbotar merkatariak Gaztela osoan barreiatu ziren. Baita Ingalaterran ere, edo Herbeheretan, Frantzian...

Une zailak ere izan ziren, liskartsuak. XIX. mende gorabeheratsuan, Bilbo bizirik irten zen hainbat setiotik, garaitu gabeko hiri izan zen, Bilbo liberal eta garaitezinaren mitoak ugaldu ziren. Nolanahi ere, hori ez zen garrantzitsuena izan. Aipagarriena mende amaierako garapen industrial ikusgarria izan zen, Bilbok zuzendu eta itsasadar inguruko gainerako herrietara iritsi zena.

Dena aldatu eta merkatarien hiria industria hiri bihurtu zen; edozertarako gai zen hiri; biztanleria bat-batean biderkatu zuen hiri; trenbidez, industriaz, labe garaiez, ontziolez betetako hiri. Azken batean, gure XX. mendearen historia bera, oraintxe bertan –nostalgiarik gabe oraingoz, baina hura ere iritsiko delako ziurtasunarekin– agurtzen ari garen mendearen bilakaera bera. Hiri harroa, Abandoko lurrak hartu eta Zabalgunea gauzatu zuena. Inguruko herriak pixkanaka bereganatuz eskualdeko erreferentzia bihurtu zena, baita bere hinterland hurbiletik harantzagoko lurraldeena ere. Industria krisiak gainditu eta gizarte tirabirak asimilatu zituena.

Eta, XX. mende amaieran, zerbitzu hiri izateko helburu berria gorpuztu nahian, Guggenheim Museoa bezalako ikurra aurkitu zuena. Puntu honetara helduta, komenigarria litzateke gaizki-ulertu bat argitzea. Guggenheim Museoa, Metroa, portu berria, Abandoibarra eta XX. mendearen azken hamarkadako ordenazio urbanoaren eraldaketa ez dira, esan izan den bezala, defentsiban erabilitako baliabideak, are gutxiago itzaltzear dagoen hiri industrial baten azken hatsak. Aitzitik, etorkizunean sineste osoa duen hiri baten apostu kementsu eta geldiezina litzateke, ausarta esango nuke. Ezer berririk ez, hortaz: Bilbok, 700 urte hauetan, etorkizuna izan du beti xede. Gaur ere, jakina.

Bilbo, zalantzarik gabe, hiri gaztea da, konstante historiko baten jabe ordea: beti ikusi izan du bere burua parekorik gabeko hiri gisa. Ez dio inongo ereduri jarraitu, ez du inor imitatu. Bere kemenaz baliatu da, bere indarrak eta harrotasunak eman dioten konfiantzan oinarritu da. Ukitu eta neurtu ezin daitekeen zerbait, baina bilbotarren unibertso partikular eta besterenezinaren zati dena, hau da, era guztietako eragozpenak –espazio mugatu batek jarritako traba fisikoak, gorabehera ekonomikoak, gizarte liskarrak– arrakastaz gainditu izanaren kontzientzia.

Beste modu batez esateko, Diego López de Harorentzat egun ona izan zen 1300 urteko ekainaren 15 hura. Eta bilbotarrek, une hartatik bertatik, argi asko ulertu zuten eurena zela denbora, euren eskuetan zegoela aukerak aprobetxatu edo, zergatik ez, sortzea. Egia da: Bilbok gazte ikusten du bere burua 700. urtebetetzean. Eta, zalantzarik gabe, halaxe ikusiko du ere, gazte eta inor ez bezala kementsu, 800ak betetzean. Baita ondoren ere. Saihestezina da. Historia da lekuko.

Manuel Montero
Historia Garaikideko Katedraduna
EHUko Errektorea

En agosto de 1882 se derrumbó el Puente Viejo de San Antón que estaba situado por delante de dicha iglesia, uniendo Bilbao La Vieja con la Plaza del primitivo Ayuntamiento. En esta plaza vieja se instalaron las tejabanas del primer Mercado de la Ribera. Grabado de J. E. Delmas.

1882ko abuztuan San Anton zubi Zaharra erori zen. Izen bereko elizaren aurrean zegoen zubiak Bilbo Zaharra eta antzinako Udaletxearen Plaza lotzen zituen. Plaza zahar honetan ezarri zen lehen Erriberako Merkatua. J. E. Delmas-en grabatua.

An illustration by J. E. Delmas. August 1882 saw the collapse of the Old San Antón Bridge, which was situated in front of the church of the same name, and which joined Old Bilbao with the square of the original Town Hall. This old square was the location for the stalls of the first Ribera Market.

A Youthful 700 Year Old Town

In the beginning, there was the estuary, with the iron, the people and the coming and going of merchants and their wares –the bales of wool that arrived from Castile to be shipped to North European ports. But above all, it was the estuary that was there at the beginning of the town. The estuary, navigable up to San Antón, was the raison d'être of the commercial town which, according to the charter signed in Valladolid on 15th June 1300, was founded in that very year by don Diego López de Haro, fifth Lord of Biscay, nicknamed The Intruder.

The seven hundred years that have passed since then constitute a brief period of history when compared to the lengthy existence of other cities, many of which are over a thousand years old and yet are today a mere memory or, at best, little more than a small village. Bilbao is a young town and may indeed be counted in the secular calendars that mark out the lives of cities that were historically significant, and which continue to be so in the 20th century. However, throughout the centuries, Bilbao, an ever proud and optimistic town, has paraded her essentiality and, indeed, has boasted of being conscious of the fact that her existence was not to be momentary, and that time was to prove her a town capable of overcoming the challenges of her destiny. It has been so since the beginning and throughout time. It continues to be so today, as she decisively enters the 21st century.

We know that in the place that saw the foundation of Bilbao, there existed a village of fishermen, miners, blacksmiths and tradesmen. However, the charter that turned her into a town was the starting point of her urban and commercial prosperity. Why? Besides the rights given to her people, essential for surviving medieval uprisings, the charter gave the town something that was to be fundamental: jurisdiction over the estuary, from San Antón to the Abra. In this way, Bilbao became the first port of the Nervión River. Later, in 1310, the charter of María Díaz de Haro brought further privileges: the most important of these was the construction of the main road in Biscay, which meant that trade had no choice but to pass through Bilbao.

That is how it all began: a navigable estuary, an inland port –safe from the attacks of omnipresent pirates and bandits– and trade rights. The people of Bilbao made the most of their chance. Soon they were the main town of the feudal estate of Biscay, if importance is measured by economic power and social pride. At first, the streets were three, and then the Seven that, between the church of Santiago and the estuary, surrounded the medieval walls. At the end of the 15th century, the church of San Antón, the old bridge, the market square –today taken up by the Ribera market– constituted the symbols of a town that was growing more and more important in the world of trade and commerce. The year 1511 saw the arrival of the Bilbao Consulate and House of Trade, an event that consecrated her commercial superiority.

During the centuries that followed, slowly but surely the town of merchants –of craftsmen, of the feudal authorities and of the hustle and bustle of its people– continued to grow both commercially and in population. The city burst its walls, grew as far as El Arenal and took in the fishermen's quarter of San Nicolás. In 1699, its commerce was nationalised, and no foreigner was allowed to trade in the town. The 18th century brought with it the zenith of the prosperity of the traditional Bilbao. The Bilbao traders did business in Old Castile, in England, in the Netherlands, in France…

El antiguo Teatro Principal del Arenal –también llamado de la Villa– era una obra de corta capacidad y un fuerte gusto neoclásico. Realizado por Escondrillas, fue demolido en 1886 para edificar el actual Teatro Arriaga.

Areatzako Antzoki Nagusi zaharra –Hiri Antzokia ere deitua_ kutsu neoklasiko nabarmeneko edukiera txikiko eraikina zen. Escondrillas-ek eraikia, 1886an eraitsi zuten, egungo Arriaga Antzokia altxatzeko.

The former Main Theatre of El Arenal, also known as the Town Theatre, was a building with a limited capacity and of strong neoclassical taste. Built by Escondrillas, it was demolished in 1886 to leave room for the present Arriaga Theatre.

There were difficult times and moments of conflict. During the contradictory 19th century, Bilbao survived several sieges. As a town, it remained unconquered and myths were spread about the liberal Bilbao that was impregnable to all invaders. Even so, this period was not as important as the moments of splendour that came at the end of the century: the phenomenal industrial development that centred on the town, was controlled from Bilbao, and took in all the village localities along the estuary.

Everything changed and the town of traders became a feverish city of factories in which all was possible. The population increased rapidly, railways were installed, together with industries, hydroelectric initiatives, the blast furnaces, shipbuilders, etc. It is part of the history of the 20th century, which we are now leaving behind without the nostalgia that is soon to come. The proud city extended to Abando, the Ensanche, and took in the nearby villages, becoming the reference point of its immediate surroundings. It was even referred to far from its immediate hinterland, overcame industrial crises and got over its social difficulties.

*El Puente del Arenal fue la vía de unión entre Bilbao y la república de Abando,
futuro Ensanche de la villa. En 1878 este puente era de piedra con tres arcadas. Postal de época.*

Areatzako zubiak Bilbo eta Abandoko errepublika –hiriaren etorkizuneko Zabalgunea–
lotzen zituen. 1878an, zubia harrizkoa zen, eta hiru zubibegi zituen. Garaiko postala.

*A period postcard. The Arenal Bridge was the link road between Bilbao and the Republic of Abando,
later to become the town Ensanche. In 1878, this bridge was made of stone and had three arches.*

*At the end of the 20th century, it unveiled its figurehead to reveal the Guggenheim Museum as a
symbol of its new destiny as a city of services. Indeed, this would be a good moment to unravel a
misunderstanding. Contrary to popular belief, the Guggenheim Museum, the Underground, the
new port, the transformation of Abandoibarra and the urban change of the last decade of the
20th century are not defence resources. Neither are they the death rattles of a failing industrial
city. They constitute the unavoidable, decisive, even arrogant investment of a city that has faith in
the future. This is nothing new: during her 700 years, Bilbao has always believed in her future
and naturally does so today.*

*It is true, Bilbao is a young city, but with historical consistence: she has always been conscious of
the fact that she is a town, a city that has no comparison. She admits no model and looks to
imitate no other. She is confident of her own spirit and –as always– trusts in her interior urban
strength and her indifferent but firm pride. It is something that is intangible. It may not be
measured, and yet it forms part of the peculiar, untransferable universe of the Bilbao population:
the awareness that they will be successful, as they always have been, when faced with the
physical limitations of the town's tight spaces; the universe of economic opportunities and the
pressure of social unrest.*

In other words, the 15th June 1300 was a good day for don Diego López de Haro, and since that moment the people of Bilbao have never doubted that time was their own, and chances were either to be made the most of, or created. It is true: Bilbao still feels young after only 700 years. There is no doubt that she will feel the same youthfulness, full of exclusive, untransferable energy, on her 800th birthday. Let us hope that the following centenaries see her the same. Let us hope? It is inevitable. History has made it an obligation.

Manuel Montero
Professor of Modern History
Rector of the UPV/EHU

Las Tejeras, fábrica-almacén de tejas y similares, situadas tradicionalmente en las afueras de la villa, dominaban una amplia panorámica de Bilbao en donde destacaban sus iglesias. Litografía de Nicolás Delmas impresa por su hijo Juan Eustaquio.

Hiriaren kanpoaldean egon ohi ziren Teilategietatik, teila eta antzekoen fabrika-biltegietatik, Bilboren ikuspegi zabala ikus zitekeen, eliz dorreez apainduriko ikuspegia. Nicolás Delmas-en litografia, haren seme Juan Eustaquiok inprimatua.

A lithograph by Nicolás Delmas, printed by his son, Juan Eustaquio. The "Tejeras", factory warehouses of slates and similar products, which were traditionally located on the outskirts of the town, had a great view of Bilbao and its churches.

PAISAJE URBANO

Hiriko Paisaia
Urban Landscapes

Paisaje Urbano

La villa de las Siete Calles, el «Casco» Viejo –metáfora de cuño naval–, ha dado paso a un conglomerado urbano más complejo, un casco nuevo cuyo puente de mando o visera más internacional es el Museo Guggenheim. El río Nervión o «la ría», eje vertebrador de todo lo que se asienta en sus riberas a lo largo de los siglos ha cambiado, ha mejorado. Nunca pensé que los ríos rejuvenecieran. Frente a la construcción del Guggenheim y de Abandoibarra y desde la otra orilla veo que la ría se recupera, se reconvierte en otra corriente.

El fulgor de los sopletes y el ruido seco de las estructuras posando sobre ellas todo el recuerdo, como las magdalenas de Proust o la huella del tabaco rubio entre los dedos de Cortázar, aquellos barcos que desde la biblioteca de Deusto veíamos crecer, más orgánicamente que nuestros apuntes de historia.

Pero el paisaje como concepto es también un ser histórico: se construye, y luego se mira, nos miramos en él. Ahora en Bilbao estamos abandonando el paisaje como una topografía del recuerdo, un espacio cargado culturalmente (de industria y navegación como la cámara) por un espacio de proyección, de creación de sentido. Una ciudad revestida de moho, humedad color verde y cielo gris, que tiene 700 años pero quizá cuatro mil asentada en estas orillas, cuyo correr de aguas ha sido siempre un camino hacia fuera, una idea de futuro. Hemos exportado barcos y ahora hemos dejado que ancle aquí el Guggenheim, un brillo que ha atraído a los de fuera. De vender hierro hemos empezado a importar visitantes.

Mientras, nuestros hitos de infancia se acartonan. También cambia nuestro paisaje, que no es sólo una foto sino asimismo un conjunto de olores y de sonidos, mareas bajas y vapor silbante de las chimeneas. En mayo de 1995 el puente de Deusto dio su ultimo abrazo al cielo. Este puente levadizo construido durante la guerra civil no entró sin embargo en funcionamiento hasta 1940. Desde la caseta de piedra estos porteros de la ría o de los muelles han visto pasar el destino hacia otras rutas, como nuestras miradas desde las aulas de Deusto se han escapado a otros paisajes mentales. Los tres toques de sirena que significaban la apertura del puente quedan en el recuerdo de generaciones como las campanas de las iglesias daban a nuestros abuelos la hora del ángelus. Ese es el verdadero paisaje urbano de Bilbao, no sólo el complejo urbano –calles, cafés y tertulias–, sino ese conjunto de estratos: sonidos, zapatos y lluvia, olores y sombras. Vaga memoria de tantos años.

Kosme de Barañano
Director del I.V.A.M.

Hiriko Paisaia

Zazpi kaleen hiritik, hirigune zaharretik, hiri multzo korapilatsua, Guggenheim Museoa ikur nagusitzat duen hirigune berria sortu da. Ibaizabal ibaia edo «itsadarra», inguruko erriberetan altxatzen den ororen bizkarrezur, mendez mende aldatu eta hobetu egin da. Gaztetu egin dela esango nuke nik, halakorik esaterik balego. Guggenheim eta Abandoibarrako eraikuntzen parean, itsasadarra biziberrituz, korronte berri bihurtuz doala ikusten dut.

Soldagailuen distira eta eraikuntzaren hots lehorrak geure oroitzapenen bizigarri bihurtzen dira, Proust-en madalenak edo Cortazarren hatzetako tabako gorriaren arrastoa bezalaxe, eta Deustuko liburutegitik hazten –geure historiako apunteak baino agudoago– ikusten genituen ontziak dakarzkigute gogora.

Paisajea, ordea, kontzeptu gisa, izate historiko bat ere bada: eraiki egiten da eta, ondoren, begiratu egiten zaio, geure burua harengan islatuta ikusten dugu. Gaur egungo Bilbon, industriak eta nabigazioak landutako paisajea lausotu eta proiekzio nahiz ideia kreazioko espazioak sortzen dira. Lizunak, hezetasun berdeak eta zeru grisak apaindutako hiri hau, 700 urtekoa edo lau milakoa beharbada, betidanik kanporako eta etorkizunerako joera izan duen ibaiaren ertzetan sustraitzen da. Orain arte itsasontziak esportatu baditugu, oraingoan Guggenheim izeneko ontzi batek bota du aingura gurean, kanpokoak erakarri dituen egiazko dirdira bailitzan. Burdina saltzetik bisitariak inportatzera pasa gara.

Bien bitartean, geure gaztaroko mugarriak zimelduz doaz. Geure paisajea ere aldatu egiten da, argazki bat ez ezik, usainez eta soinuz, marea beherez eta tximinietako lurrun txistukariz osatutako multzoa ere den paisajea. 1995eko maiatzean, Deustuko zubiak azken besarkada eman zion zeruari. Zubi altxagarri hau, gerra zibilean eraiki bazen ere, 1940an jarri zen funtzionamenduan. Itsasadarraren edo kaien zaindariak, harrizko etxolaren babesetik, ibilbide urrunetaranzko abiatze kontaezinen lekuko izan dira, geure begiradek Deustuko ikasgeletatik buruan genituen beste paisaje batzuetara ihes egin duten bezalaxe. Zubia altxatzera zihoala ohartarazten zuten hiru sirena deiak belaunaldien oroimenean geratuko dira, geure aiton-amonei angelusaren ordua iritsia zela jakinarazten zieten eliz kanpai hotsak bezalaxe. Horixe da Bilboko egiazko hiriko paisajea, ez multzo urbanoa bakarrik –kaleak, kafeak eta solasaldiak–, baita soinuek, euriak, usainek eta itzalek osatzen dutena ere. Urtez urte lausotutako oroimena.

Kosme de Barañano
I.V.A.M.-ren Zuzendaria

Urban Landscapes

The town of the seven streets, the historical quarter, like a ship's hull –to use a simile of naval influence– has given way to a more complex urban array. The captain's bridge or the most international viewpoint of the modern 'hull' is the Guggenheim Museum. The Nervión River is the backbone of all that settles on its banks and, with the passing of time, it has changed for the better. I never realised that rivers could rejuvenate. I see that opposite the Guggenheim building, opposite Abandoibarra, and from the far bank, the estuary is recovering and being reconverted into a new current.

I remember the glow of the blowtorches and the empty sound of the structures laden with memories such as Proust's cakes or Cortazar's nicotine-stained fingers, together with studying in the Deusto library and watching the ships grow in a way that was far more organic than our history notes ever could.

However, the concept of landscape is also a historical being: it is built and later observed. Indeed we observe ourselves in it. Nowadays in Bilbao, landscape as the terrain of memories, as a culturally loaded space (with industry and shipping as its camera) is being abandoned in favour of a space designed for projection and for the creation of sentiment. This moss-covered city, with its green-coloured damp and grey skies is almost 700 years old but has stood on the banks of this river, whose currents have always flowed towards the exterior, towards a future idea, for possibly four thousand. We have exported ships, and now we have allowed the Guggenheim to lay anchor here and shine its light to attract outsiders. We have moved on from selling iron to importing visitors.

Meanwhile, the milestones of our childhood shrivel up. There is also a change in our landscape, which is not only a photograph but also a blend of smells and sounds, of low tides and steam whistling from chimneys. In May 1995, the Deusto Bridge embraced the sky for the last time. This drawbridge was built during the civil war, but did not come into service until 1940. From their stone cabin, these estuary or dockyard doormen have watched how destiny has passed by onto other routes, in the same way that our looks from the lecture rooms at Deusto fled to other landscapes in our minds. The three siren sounds that heralded the opening of the bridge remain in the memory of many generations as did the church bells that chimed out the hour of the Angelus to our ancestors. The true urban landscape of Bilbao is made up of not only its urban complex of streets, cafeterias and groups of friends, but also the underlying layer of sounds, shoes and rainfall, smells and shadows: a vague memory of so many years.

Kosme de Barañano
Director, I.V.A.M.

Las

El Casco Viejo o las Siete Calles constituye la primera zona comercial de la villa por la cantidad y calidad de sus tiendas, algunas de vieja raigambre y tradición. Pasear por las calles del Casco Viejo, siempre bulliciosas y alegres, es un secreto placer para muchos bilbaínos.

Hirigune zaharra edota Zazpi Kaleak, hiriaren salerosketa gune garrantzitsuena da bertako denden kantitatea eta kalitatea dela eta, batzuk gainera, ondo errotutakoak eta tradizio handikoak dira. Beti alai eta zaratatsu egon ohi diren Zazpi Kaleetan zehar ibiltzea, Bilbotar askoren atsegin ezkutua da.

Due to the quantity and quality of its shops, some of which go a long way back in time and tradition, the historical quarter, also known as the Seven Streets, is the main commercial area of the town. A stroll around the ever busy and lively streets of this area is a secret pleasure for many of the people of Bilbao.

Siete Calles.
El Casco Viejo

Zazpi Kaleak.
Hirigune Zaharra

The Seven Streets.
The Historical Quarter

Vista del Casco Viejo.

Zazpi Kaleen ikuspegia.

View of the historical quarter.

Paisaje Urbano / Hiriko Paisaia / Urban Landscapes

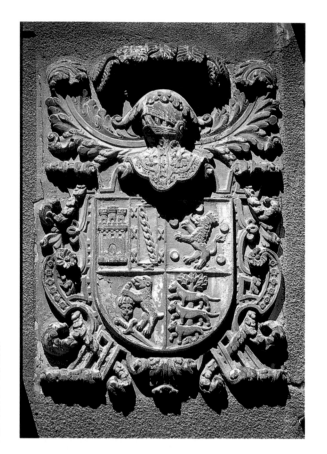

Detalles. A la izquierda, escudo. Arte e historia grabada en piedra. Abajo, una escalinata como solución urbana para unir los diferentes planos que ocupa la ciudad, entre el monte y la ría. Página de al lado, Fuente del Perro, un lugar entrañable del viejo Bilbao con su aire de antigua fontana clásica, adornada de caños leonados. Tambien da nombre a la calle donde se ubica.

Xehetasunak. Ezkerrean, armarria. Artea eta historia harrian zizelatuak. Behean, mailadia, mendiaren eta ibaiaren artean hiria kokatua dagoen plano batzuk eta besteak lotzeko konponbide hiritarra. Alboko orrialdean, Zakurraren iturria, Bilbao zaharreko bazter kutuna; lehoi itxurako tutuez horniturik, iturri zahar klasikoen antza du. Kokatuta dagoen kaleak bere izena darama, gainera.

Photos. To the left, the coat of arms. Art and history engraved in stone. Below, steps that solve the urban problem of joining the mountain and estuary levels of the city. Next page, the Perro fountain, whose lion motif decorated spouts give it the air of an old classical spring, is a pleasant place in the historical part of Bilbao. It also lends its name to the street in which it stands.

Paisaje Urbano / Hiriko Paisaia / Urban Landscapes

La Plaza Nueva, rincón emblemático, foro y ágora de la villa, solaz apartado del bullicioso tráfago del Arenal. Fachadas neoclásicas con cierto aire teatral. Al frente Euskaltzaindia, Real Academia de la Lengua Vasca.

Plaza Berria, bazter enblematikoa, hiriaren foro eta agora, Areatzako joan-etorri iskanbilatsuaren babeseko bazter gordea. Halako antzerki aireko fatxada neoklasikoak. Aurrez aurre, Euskaltzaindia, Euskararen Errege Akademia.

With its neoclassical façades, the Plaza Nueva, emblematic place, town forum and square, has a theatrical air. Opposite, Euskaltzaindia, the Royal Academy of the Basque Language.

La arteria central, la más elegante y comercial del Casco Viejo, la calle del Correo,
luce una espléndida arquitectura burguesa.

Alde Zaharreko kale nagusiak, dotoreena eta komertzialena den Korreo kaleak,
arkitektura burges bikaina du.

The Calle del Correo, which is the main artery and the most elegant and commercial of the historical quarter,
harbours splendid examples of bourgeois architecture.

Calle de la Ribera. La vieja burguesía bilbaína financiera, comercial y marítima dejó su impronta en edificios como estos, contando con la ayuda de una excelente saga de arquitectos.

Erriberako kalea. Bilboko burgesia finantzario, komertzial eta itsastar zaharrak bere arrastoa utzi zuen hauek bezalako eraikinetan, arkitekto-leinu bikainen laguntzaz.

Calle de la Ribera. With the help of a long list of architects, the old financial, commercial and maritime classes of the Bilbao bourgeoisie left their mark with buildings such as these.

Paisaje Urbano / Hiriko Paisaia / Urban Landscapes

Izquierda, pinturas en los Arcos de la Ribera. Arriba, Mercado de la Ribera, levantado hacia 1920 sobre los primitivos muelles del puerto. Derecha, vidriera del Mercado con el escudo de la villa.

Ezkerrean, Erriberako Arkuetako margolanak. Eskuinean, Erriberako Merkatua, 1920 inguruan portuko kai zaharren gainean eraikia. Behean, hiriaren ezkutua daraman Merkatuaren beira leihoa.

Left, paintings on the Ribera arches. Above, the Ribera market, built around 1920 on the original docks of the port. Right, stained glass window of the market with the town's coat of arms.

Paisaje Urbano / Hiriko Paisaia / Urban Landscapes

*Tres épocas, tres estilos, tres mentalidades dentro
de un mismo conjunto urbano. El patio recoleto
casi renacentista, las líneas verticales y elegantes
del eclecticismo burgués y el estilo funcional
y provocativo del contemporáneo minimalismo.*

Hiru garai, hiru estilo, hiru pentsamolde multzo urbano
berberean. Patio bakarti ia errenazentista, eklektizismo
burgesaren lerro zut dotoreak eta minimalismo
garaikidearen estilo funtzional eta probokagarria.

*Three eras, three styles and three lines of thought within
one sole urban surrounding. The quiet near-Renaissance
patio, the elegant vertical lines of bourgeoisie eclecticism
together with the provocative functional style
of contemporary minimalism.*

Paisaje Urbano / Hiriko Paisaia / Urban Landscapes

Página de al lado. Arriba: la tentación del escaparate y la dificultad de la elección, en la más pura tradición comercial sietecallera. Abajo, mercado de flores. Las mañanas de los domingos florecen en el Paseo del Arenal con esta vieja y hermosa costumbre de regalo para la vista. Al lado, panorama desde el Puente. El paseante observa desde la original barandilla del Puente del Arenal.

Alboko orrialdean. Goian: erakusleihoen tentazioa eta aukeraren zailtasuna, Zazpi Kaleetako merkataritza tradizio jatorrenean. Behean, loreen merkatua. Igande goizetan Areatzako pasealekuan loratzen dira, begien atsegingarri, ohitura zahar bezain ederrari jarraituz. Alboan, zubi gainetik ikusten dena. Ibiltaria, Areatzako zubiaren baranda berezitik begira dago.

Opposite page, top: the temptation of the shop window and the difficulty of making the choice, in the purest of Seven Streets tradition. Below, the flower market. In the Paseo del Arenal, Sunday mornings bloom with this old and beautiful eye-catching tradition. Opposite, a view from the bridge. The passer-by looks on from the interesting railings of the Arenal Bridge.

Paisaje Urbano / Hiriko Paisaia / Urban Landscapes

Arte

Catedral. Izquierda, bóveda catedralicia. Bella conjunción flamígera de nervaduras, luces y trasluces sobre el crucero de la Catedral gótica del Señor Santiago. Anhelo de elevación sobre el triforio. Página de al lado, obras de restauración. Los canteros del siglo XXI reconstruyen la vieja fábrica del venerable templo del siglo XIV con tecnología punta.

Katedrala. Ezkerrean, katedralaren ganga. Santiago Deunaren Katedral gotikoko gurutzaduran, nerbio, argi eta zeharrargi flamigeroen elkartze ederra. Triforioaren gainean, gora igotzeko irrika. Alboko orrialdean, zaharberritze lanak. XXI. mendeko harginek XIV. mendeko tenplu ohoragarriaren fabrika zaharra muturreko teknologia erabiliz berregin dute.

Cathedral. Left, the cathedral vault. A beautiful collection of ribs, lights and reflections above the transept of the gothic Cathedral of Señor Santiago. A welcomed elevation above the triforium. Next page, restoration work. The 21st century stonemasons reconstruct the old masonry of the venerable 14th century temple with latest technology.

religioso

Arte erlijiosoa

Religious art

• Paisaje Urbano / Hiriko Paisaia / Urban Landscapes

Catedral. Página de al lado, torre y fachada neogótica, un excelente trabajo de Nicolás de Achucarro en el año 1891. Derecha, Puerta del Ángel. Hermosa filigrana gótico-isabelina en la portada exterior del claustro: por aquí pasaban los romeros del Camino Jacobeo de la Costa. Abajo, claustro, elegante y armoniosa composición gótica.

Katedrala. Alboko orrialdean, dorre eta fatxada neogotikoak, Nicolás de Achucarroren 1891ko lan bikaina. Eskuinean, Aingeruaren Atea. Klaustroaren kanpoaldean filigrana gotiko-isabeldar ederra: hemendik igaro ohi ziren Kostaldeko Santiago Bideko erromesak. Behean, klaustroa, multzo gotiko dotore eta orekatua.

Cathedral. Opposite page, tower and neo-gothic façade, an excellent example of the work of Nicolás de Achucarro from the year 1891. Right, Puerta del Ángel. Beautiful gothic-Isabelline filigree work on the exterior façade of the Cloister: the pilgrims of the Coastal Jacobean Way passed by here. Below, a cloister, an example of harmonious gothic elegance.

Catedral. Izquierda, mausoleo de la poderosa familia bilbaína de los Arana-Varona. Abajo, misa solemne concelebrada con ocasión de la reapertura al culto del templo, tras su completa restauración en el año 2000. Al lado y en la doble página siguiente, nocturno de la Iglesia de San Antón y su nave central. Gótico tardío, mitad templo, mitad nave fortaleza, es la iglesia más popular y querida de los bilbaínos.

Katedrala. Ezkerrean, Arana-Varona bilbotar familia boteretsuaren mausoleoa. Behean, zaharberritze lanak erabat amaitu ondoren 2000. urtean eliza otoitzerako berriro zabaldu zenean egin zen Meza handia. Alboan eta hurrengo bi orrialdeetan, San Antongo eliza eta bere erdiko nabea gauez. Gotiko beranta, erdi tenplu, erdi gotorleku, bilbotarren artean ezagunena eta kutunena.

Cathedral. Left, the mausoleum of the influential Arana-Varona family of Bilbao, the celebration of mass for the reopening of the church following a complete restoration in the year 2000. Opposite and on the following double page, a night view of San Antón church and its central nave. Late gothic, half temple, half fortress, it is the most popular and well-loved church among the people of Bilbao.

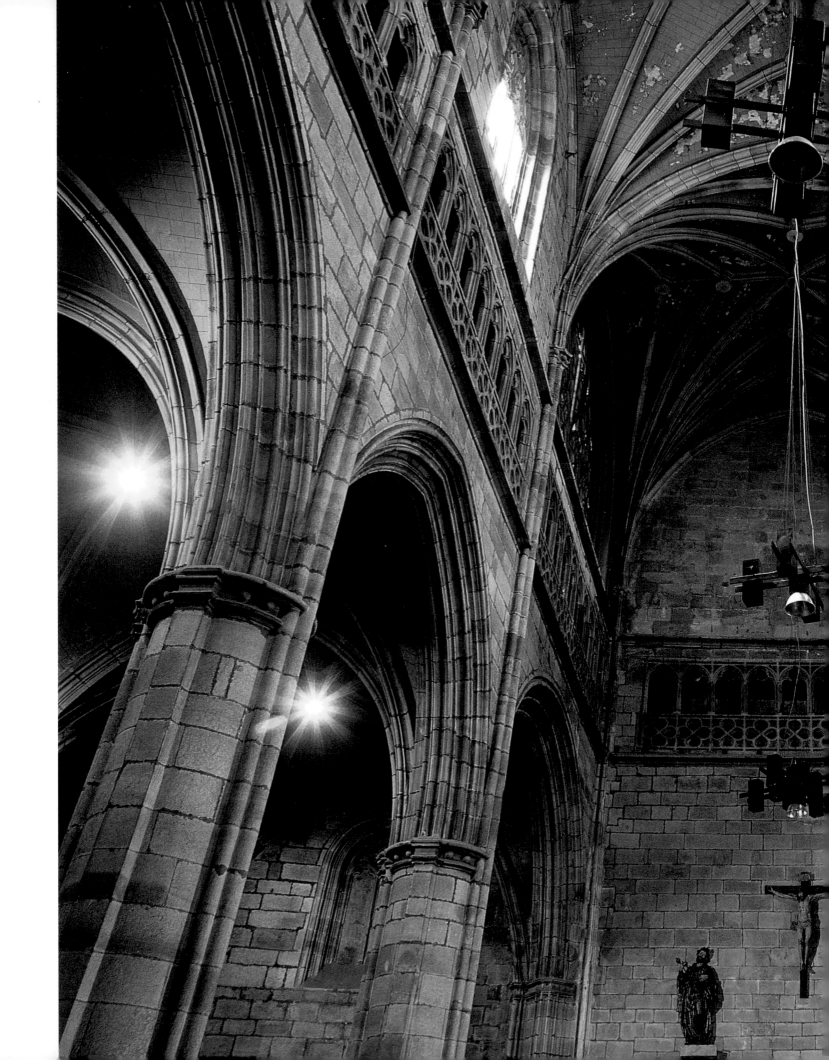

Al lado, Basílica de Begoña, conjunto exterior. Sobre la colina de Artagan, dominando la villa, se alza esta basílica que alberga a la patrona de Vizcaya, la Virgen de Begoña. La airosa torre campanario, arruinada durante las guerras carlistas, fue reconstruida hacia 1907.
Página siguiente, interior gótico del templo. Misa solemne en la festividad de la Santa Patrona. Preside el altar mayor, en su camarín, la imagen venerada de la Virgen, «andra mari» sedente del siglo XIII.

Alboan, Begoñako Basilika, kanpoko ikuspegia. Artaganeko muinoaren gainean jasotzen da Bizkaiko zaindaria den Begoñako Ama Birjina dagoen basilika, hiriari goitik begira. Kanpandorre liraina, karlistadetan hondatu eta 1907 inguruan berreraiki zen. Zaindari Santuaren jai eguneko Meza nagusia. Aldare nagusiaren erdian, bere gelatxoan, XIII. mendeko Ama Birjina, «Andra Mari» ohoratuaren irudi eseria.

Opposite, the Basilica of Begoña, a view of the exterior. This basilica, home to Our lady of Begoña, the patron saint of Vizcaya, looks over the town from its location on the Artagan hill. The graceful bell tower, ruined during the Carlist wars, was rebuilt around 1907.
Next page, gothic interior of the church. Mass on the patron saint's feast day. From within its niche, the worshipped statue of Our Lady of Begoña, a seated "andra mari" of the 13th century, presides the main altar.

Arriba, fachada principal de San Nicolás, santo patrono de las gentes del mar. Templo barroco de planta octogonal, levantado en el siglo XVIII. Su monumental fachada con dos torres gemelas preside el Parque del Arenal.

Goian, San Nikolasen, itsasgizonen zaindari santuaren elizako fatxada nagusia. XVIII. mendean jasotako oinplano oktogonaleko tenplu barrokoa. Bere bi dorre bikidun fatxada ikusgarria Areatzako parkeari begira.

Above, main front of San Nicolás, patron saint of seafaring people. A baroque church with an octagonal layout, built in the 18th century. Its monumental two-towered façade presides the Arenal Park.

El Ensanche. Al lado, Estación de la Concordia. Conocida también como Estación de Santander, es un bello edificio que mezcla el clasicismo con un modernismo bañado en vidrieras. Página de al lado, Alameda de Mazarredo. Conjunto arquitectónico de casas burguesas al gusto francés, característico del Ensanche bilbaíno de finales del siglo XIX.

Zabalgunea. Alboan Konkordia geltokia. Santanderreko Geltokia ere esaten zaio, eta klasizismoa eta beira leihoz hornitutako modernismoa nahasten dituen eraikin ederra da. Alboko orrialdean, Mazarredoko Zumarkalea, etxe burgesek osatutako multzo arkitektonikoa, XIX. mende amaierako Bilboko Zabalguneak hain bereizgarri duen frantziar kutsukoa.

The Ensanche. Left, the Concordia station. Also known as the Santander station, it is a beautiful building that combines classicism with a modernist style bathed in stained glass windows. Opposite page, Alameda de Mazarredo, an architectural collection of bourgeois houses, typical of the extension of the city of Bilbao at the end of the 19th century.

Ensanche

Zabalgunea

The Ensanche

Arriba, la ría desde el Monte Caramelo. Amplia panorámica de la conurbación de Bilbao, siguiendo el curso de la ría del Nervión-Ibaizabal. Página de al lado, Puente del Arenal. Nexo de unión entre el viejo Bilbao histórico y la nueva ciudad, el Ensanche, que crece al otro lado del río a partir de 1880 como una urbe más moderna y mejor diseñada. De izquierda a derecha, la Estación de la Concordia, la Sociedad Bilbaína y el Edificio Metro.

Goian, Itsasadarra Karamelo Menditik ikusita. Bilboko konurbazioaren ikuspegi zabala, Ibaizabal itsasadarraren ibilbideari jarraituz. Alboko orrialdean, Areatzako zubia, Bibao zahar historikoaren eta hiri berriaren, Zabalgunearen arteko lotura. Zabalgunea 1880 urtetik aurrera altxatu zen, modernoagoa eta hobeto diseinatua. Ezker-eskuin, Konkordia geltokia, Bilbaina Elkartea eta Metroaren Eraikina.

Above, the estuary seen from Monte Caramelo. A wide view of the two parts of Bilbao, following the course of the Nervión-Ibaizabal estuary. Opposite page, the Arenal bridge, a point of union between the old historical Bilbao and the new town, the Ensanche, which has grown on the other side of the river since 1880 as a more modern and better-designed city. From left to right, the Concordia station, the Sociedad Bilbaína and the Metro Building.

Edificios de autor, tres espléndidos ejemplos de la arquitectura burguesa del Ensanche bilbaíno de principios del siglo XX: casas de Buenos Aires nº 2, obra de Adolfo Gil y Lezama, en 1930 (izquierda); edificio en Gran Vía nº 44, diseñado por Ángel Líbano en 1927, para la potente burguesía bilbaína de la época (abajo); y edificio en Gran Vía nº 60, obra de Ricardo Bastida en 1921 (página de al lado).

Arkitekto ezagunen eraikinak, XX. mendearen hasierako biltotar Zabalguneko arkitektura burgesaren hiru adibide bikain: Buenos Aires 2ko etxeak, Adolfo Gil y Lezamak 1930ean eginak (ezkerrean); Angel Líbanok garaiko bilbotar burgesia boteretsuarentzat 1927an diseinatutako Gran Vía 44ko eraikina (behean); eta Gran Vía 60ko eraikina Ricardo Bastidak 1921ean egina (alboko orrialdean).

Signed buildings, three splendid examples of bourgeois architecture in the Bilbao Ensanche from the beginning of the 20th century: houses in Buenos Aires number 2, by Adolfo Gil y Lezama, 1930 (left); a building in Gran Vía number 44, designed by Ángel Líbano in 1927 for the influential Bilbao bourgeoisie of the day (below); and a building in Gran Vía number 60, by Ricardo Bastida in 1921 (opposite page).

Arquitecturas del Ensanche.
Página de al lado, arriba, La Plaza de Albia tiene una atmósfera especial por sus jardines y los elegantes edificios que la rodean. Entre ellos se perfila la estatua del escritor Antonio de Trueba, obra de Benlliure. Abajo, Plaza del Museo. Frente al Museo de Bellas Artes se alza este edificio con torre del año 1948. En esta página, la Casa Montero. Espléndida obra de Luis Alodrén en 1904 que evoca el estilo de Gaudí.

Zabalguneko arkitekturak.
Alboko orrialdean, goian, Albiako Plaza, giro berezia du bere lorategiei eta inguratzen duten eraikin dotoreei esker. Guztien erdian, Antonio de Trueba idazlearen estatua, Benlliurek egina. Behean Museoko Plaza. Arte Ederretako Museoaren aurrean, 1948ko dorredun eraikina altxatzen da. Orrialde honetan, Montero Etxea. Gaudiren estiloa gogorarazten duen Luis Alodrén-en 1904ko lan bikaina.

Architecture of the Ensanche.
Opposite page, top, the Plaza de Albia has a special atmosphere due to its gardens and the surrounding elegant buildings. Among these stands the statue of the writer Antonio de Trueba, by Benlliure. Below, Plaza del Museo. This 1948 building, with tower, stands opposite the Fine Arts Museum.
This page, the Montero House, a splendid example of the work of Luis Alodrén, evocative of the style of Gaudí.

Artes decorativas urbanas: señalización, detalle de la fachada del Teatro Campos Elíseos y frontispicio del Grupo Escolar Félix Serrano. Página de al lado, arriba: Hospital de Basurto, obra de Enrique Epalza; abajo, Hotel Carlton. Vestíbulo principal. Levantado en 1927, este hotel de construcción art-déco ha sido el más emblemático de la villa.

Dekorazio-arte urbanoa: seinalizazioa, Campos Elíseos Antzokiaren fatxadaren xehetasuna eta Felix Serrano Eskola Taldearen aitzinaldea. Alboko orrialdean, goian: Basurtoko Erietxea, Enrique Epalzaren lana; behean, Carlton Hotela. Sarrera nagusia. 1927an jaso zen eta art-deco estiloko hotel hau izan da hiriko enblematikoena.

Urban decorative art: signposting, a view of the façade of the Campos Elíseos Theatre and the frontispiece of the Grupo Escolar Félix Serrano. Opposite page, top: the Basurto Hospital, by Enrique Epalza; below, the main hall of the Hotel Carlton. Built in 1927, this example of art deco has been the town's most emblematic hotel.

Paisaje Urbano / Hiriko Paisaia / Urban Landscapes

*La Estación de Abando o del Norte, la más importante de la ciudad, ofrece en esta artística vidriera,
que domina los andenes, un resumen de la historia de la ciudad. En la página de al lado, el estilo academicista
de los años cuarenta y cincuenta del siglo XX domina el elegante vestíbulo principal.*

Abandoko edo Iparreko geltokia, hiriko geltoki nagusia, nasei begira dagoen beira leiho honek hiriaren historia
laburbiltzen du. Alboko orrialdean, 1940-50 hamarkadetako estiko akademizista da nagusi sarrera nagusi dotorean.

*The Abando station, also known as the Northern station, is the most important of the city and, in this artistic
stained glass window, which overlooks the platforms, offers a summary of the town's history. Opposite page,
the academic style of the 40s and 50s of the 20th century dominates the elegant main hall.*

Doble página siguiente: Arriba, Estación de Abando. La gran bóveda de hierro protege los andenes bajo su inmenso arco. Abajo, Estación de la Concordia. Panorámica de este recoleto andén que, por vía estrecha, enlaza Bilbao con Balmaseda y con Cantabria.

Hurrengo bi orrialdeetan: Goian, Abandoko geltokia. Burdinezko ganga handiak nasak babesten ditu bere arku erraldoiaren pean. Behean, Konkordia Geltokia. Burdinbide estuaren bidez Bilbo Balmasedarekin eta Kantabriarekin lotzen duen nasa ezkutu honen ikuspegia.

Following double page: Top, the Abando station. The large iron vault shelters the platforms under its immense arch. Bottom, the Concordia station. A view of this quiet platform, whose narrow-gauge railway connects Bilbao with Balmaseda and Cantabria.

Paisaje Urbano / Hiriko Paisaia / Urban Landscapes

Bilbao

El Parque de Bilbao. A la izquierda, el monumento a doña Casilda de Iturrizar preside el Parque de su mismo nombre, el primero de la villa. Pobres y ángeles acompañan la efigie de esta benefactora, esculpida por Querol en 1890. A la derecha, otoño en el Parque. Las hojas muertas. La riqueza cromática de la estación se refleja en el rincón del jardín, al desnudarse los árboles.

Bilboko parkea. Ezkerrean Casilda de Iturrizar andreari eskainitako monumentua, Bilboko lehena izan den izen bereko parkean. Behartsuek eta aingeruek lagun egiten diote 1890ean Querolek zizelatutako ongile haren irudiari. Eskuinean, parkea udazkenean. Hosto zimelak. Sasoiaren aberastasun kromatikoa lorategiaren bazterrean islatzen da, zuhaitzak biluzten direnean.

The park of Bilbao. To the left, the monument to doña Casilda de Iturrizar presides the park of the same name, which is also the town's main park. Together with the angels, the poor accompany the effigy of this benefactor, sculpted by Querol in 1890. To the right, autumn in the park. Dead leaves. As the trees are left bare, the colourful wealth of the season is reflected in this spot in the garden.

en verde

Bilbao berdea

Green Bilbao

Parque de Doña Casilda Iturrizar. Arriba, Monumento a Zuloaga.
El busto del pintor eibarrés Ignacio Zuloaga preside la fachada
principal del Museo de Bellas Artes, que guarda en su interior varias
obras maestras del artista. Al lado, colores de naciente primavera en
el paseo del jardín superior. El Parque de Bilbao ofrece agradables
rincones como este, para buscar el sosiego y la calma.

Casilda Iturrizar andrearen parkea. Goian, Zuloagari eskainitako
monumentua. Ignacio Zuloaga pintore eibartarraren bustoa Arte
Ederretako Museoaren fatxada nagusiaren erdian dago. Museo
horretan Zuloagaren zenbait maisulan daude ikusgai. Alboan,
udaberri jaio berriaren koloreak goiko lorategiko pasealekuan.
Bilboko Parkeak honen antzeko bazter atseginak ditu, lasaitasuna
eta bakea bilatzen dituenarentzat.

Doña Casilda Iturrizar Park. Above, Monument to Zuloaga. The
bust of the Éibar painter Ignacio Zuloaga presides the main front of
the Fine Arts Museum, which holds several of his masterpieces.
Opposite, the colours of early spring in the promenade of the upper
gardens. For those in search of peace and quiet, the park of Bilbao
offers pleasant spots like this one.

Parque de Doña Casilda. Página de al lado, íntimo y evocador rincón del Parque, junto al Museo de Bellas Artes, con el conjunto escultórico en memoria del músico Aureliano Valle, obra de Quintín de Torre. Arriba, el estanque del Parque en primavera. Es el rincón preferido de muchos niños bilbaínos que acuden aquí a dar de comer a patos y cisnes.

Casilda Iturrizar andrearen parkea. Alboko orrialdean, Arte Ederretako Museoaren ondoan, Parkeko zoko intimo eta oroitarazlea, Aureliano Valle musikagilearen oroimenez Quintín de Torrek egindako multzo eskultorikoa. Goian, Parkeko Urmaela udaberrian. Ahate eta zisneei jaten ematera etortzen diren Bilboko haur askoren tokirik gogokoena da.

Doña Casilda Park. Opposite page, a quiet evocative place in the Park, next to the Fine Arts Museum, with the sculpture commemorating the musician Aureliano Valle, by Quintín de Torre. Above, the park pond in spring. This is the favourite spot for many Bilbao children, who come here to feed the ducks and swans.

Arriba, Minotauro en el Parque Europa, Parque de Etxebarria y Plaza Elíptica o de Federico Moyúa. Abajo, el Parque Europa.

Goian, Minotauro Europako Parkean, Etxebarria Parkea eta Plaza Eliptikoa edo Federico Moyuaren Plaza. Behean, Europa Parkea.

Above, the Minotaur in Europa Park, Etxebarria Park, Plaza Elíptica, also known as Plaza Federico Moyúa. Below, Europa Park.

Arriba, el funicular de Artxanda con el fondo de la Ciudad Jardín. Éste permite la subida al monte de Artxanda. Allí, tendrá todo Bilbao a sus pies. Página de al lado: el Monte Pagasarri con nieve, la niebla sobre la ría y danza de paraguas bajo el fino «sirimiri».

Goian, Artxandako funikularra, atzean Hiri Lorategia duela. Funikularra hartuta Artxanda mendira igo daiteke. Han, Bilbao osoa izango duzu zure oinetan. Alboko orrialdean: Pagasarri mendia elurretan, behe lainoa itsasadarraren gainean eta euritakoen dantza «sirimiri» finaren azpian.

Paisaje Urbano / Hiriko Paisaia / Urban Landscapes

Above, the Artxanda cable car with the Ciudad Jardín in the background. This cable car takes us up the Artxanda mountain. Once there, all Bilbao lies at our feet. Opposite: the snow-covered Pagasarri mountain, the mist on the estuary and the umbrellas dancing under the fine drizzle known as "sirimiri".

Paisaje Urbano / Hiriko Paisaia / Urban Landscapes ●

L a

Izquierda, almacén de Molinos Vascos en Zorroza.
Tinglados portuarios, muelles, grúas, silos y almacenes
esperan la llegada de los buques, a lo largo de la Ría del
Nervión.
En la página de al lado, Puente de Calatrava. El llamado
«Zubi Zuri», la pasarela peatonal, original diseño del
arquitecto Calatrava, es el más flamante de los nuevos
puentes que cruzan la ría.

Alboan, Euskal Erroten biltegia Zorrotzan. Portuko
oholtzak, kaiak, garabiak, siloak eta biltegiak ontzien
zain, Ibaizabal ibai osoan. Alboko orrialdean, «Zubi
Zuri», Calatrava arkitektoaren diseinu originaleko
oinezkoen zaldaina, ibaia zeharkatzen duten zubien
artean dotoreena da.

Left, the Molinos Vascos warehouse in Zorroza. Along
the Nervión estuary, port sheds, docks, cranes,
silos and warehouses await the arrival of the ships.
Opposite page, Calatrava bridge. The so-called "Zubi
Zuri", the footbridge, whose interesting design was
carried out by the architect Calatrava, is the most

ría

Itsasadarra

The estuary

Arriba, Puente de Miraflores, vista nocturna. En la página de al lado, arriba: pescando angulas en la ría.
Su pesca es nocturna, lenta, penosa y tiene lugar en lo más crudo del invierno. No es extraño que esta exquisitez
gastronómica alcance precios astronómicos. Abajo: Ría del Nervión. Casas reflejadas sobre el agua.

Goian, Mirafloreseko zubia gauez. Alboko orrialdean, goian: Itsasadarrean angulak harrapatzen.
Arrantza era hori gauez egiten da negu gorrienean, eta oso neketsua da. Ez da harritzekoa jaki fin horren
prezioa hain handia izatea. Behean: Ibaizabal Itsasadarra. Etxeen errainua uretan.

Above, a night view of the Miraflores bridge. Opposite page, top: fishing for elvers in the estuary. This form of fishing
takes place at night in the coldest part of winter, and is arduous and slow. It is no surprise that this culinary delight
reaches astronomical prices. Bottom: the Nervión estuary. Houses reflected in the water.

Paisaje Urbano / Hiriko Paisaia / Urban Landscapes

Paisaje Urbano / Hiriko Paisaia / Urban Landscapes

Cruzando puentes. Página de al lado, arriba: Puente de la Ribera. El airoso arco de esta pasarela peatonal, levantado en 1937, comunica el Casco Viejo con el barrio de San Francisco. Página de al lado, abajo: Puente del Ayuntamiento, obra de 1938. Antiguo puente levadizo junto a la Casa Consistorial. Al fondo, sobre el Muelle de la Sendeja, el ascensor de Mallona salva el desnivel entre la ría y las calzadas que conducen al Santuario de la Virgen de Begoña. Sobre estas líneas: Puente de La Merced, reconstruido en 1937. Vista nocturna con la iglesia al fondo. Este pequeño templo del antiguo convento de la Merced es actualmente la sede de la sala municipal «Bilbo Rock».

Zubiak gurutzatuz. Alboko orrialdean, goian: Erriberako zubia. 1937an egin zen oinezkoen zaldain honen arku lirainak, Zazpi Kaleak eta San Frantzisko auzoa lotzen ditu. Alboko orrialdean, behean: Udaletxeko zubia, 1938koa. Zubi altxagarri zaharra Udaletxearen aldamenean. Atzean, Sendejako Nasaren gainean, Mallonako Igogailua, ibaiaren eta Begoñako Ama Birjiñaren Santutegira daramaten Galtzaden arteko lotura. Mesedeetako komentu zaharraren tenplu txiki hau, «Bilbo Rock» udal aretoaren egoitza da gaur egun.

Crossing bridges. Opposite page, top: the Ribera bridge. The graceful arch of this 1937 footbridge joins together the historical and San Francisco quarters. Opposite page, bottom: the Town Hall bridge, from 1938. This is a former drawbridge next to the town hall building. In the background, on the Sendeja docks, the Mallona elevator covers the different levels between the estuary and the roads that lead to the sanctuary of Our Lady of Begoña. Above this text: a night view of the Merced bridge, rebuilt in 1937, with the church in the background. This small temple of the former Merced convent is nowadays home to the municipal "Bilbo Rock" hall.

*El Muelle de Uribitarte. El puente «Zubi Zuri» de Santiago Calatrava enlaza el Muelle de Uribitarte
–la orilla fluvial del Ensanche– con el Paseo del Campo de Volantín. Un diseño del arquitecto japonés Isozaki
va a reconvertir esta área urbana.*

Uribitarteko Kaia. Santiago Calatravaren "Zubi Zuri"-ak Uribitarteko Kaia –Zabalgunearen
ibai ertza– eta Volantin Landako Pasealekua lotzen ditu. Isozaki arkitekto japoniarraren diseinu
batek hiriaren gune hau eraldatuko du.

*The Uribitarte docks. Santiago Calatrava's "Zubi Zuri" bridge joins the Uribitarte docks –the river side
of the Ensanche– with the Paseo del Campo de Volantín. A design by the Japanese architect Isozaki is set
to reconvert this urban area.*

Puente de Euskalduna. El más moderno de los puentes de tráfico pone en conexión la ribera de Deusto con el Parque de Doña Casilda a la altura del Palacio de Congresos.

Euskalduna zubia. Trafikodun zubi modernoena, Deustuko Erribera eta Casilda Iturrizaren Parkea lotzen ditu, Kongresuen Jauregiaren parean.

Euskalduna bridge. The most modern of the traffic bridges links the Ribera de Deusto with the Doña Casilda Park near the Conference Hall.

En torno a Deusto: a la izquierda, Puente de Euskalduna.
Estructura de la zona peatonal del mismo.
A la derecha, Puente de Deusto. Reconstruido en 1938 y
antaño vía levadiza, une el centro de Bilbao con el barrio
de Deusto, ya sobre la orilla derecha de la ría. Abajo,
la Ribera de Deusto. Parque y paseo ribereño de esta
populosa zona residencial y universitaria por excelencia.

Deustu inguruan: Ezkerrean, Euskalduna zubia. Zubiaren
oinezkoen zonaren egitura. Eskuinean, Deustuko zubia.
1938an berregin zen ducla gutxi arte altxagarria zen zubi
hau. Bilboko erdigunea eta ibaiaren eskuin aldean dagoen
Deustuko auzoa lotzen ditu. Deustuko Erribera.
Unibertsitatearen kokagune den auzo jendetsu honen ibai
ertzeko parkea eta pasealekua.

Around Deusto: left, the Euskalduna bridge. A structure
in the pedestrian area of the same name. Right, Deusto
bridge. Rebuilt in 1938. and a former drawbridge, it joins
the centre of Bilbao with the Deusto quarter on the right
bank of the estuary. Below, the Ribera de Deusto. Park
and riverside promenade of this highly populated
residential and university area par excellence.

Paisaje Urbano / Hiriko Paisaia / Urban Landscapes

Páginas anteriores: Olabeaga, silueta de un clásico gasolino que cruza la ría cuando no hay puentes cercanos, y talleres de Zorroza, arqueología industrial con reminiscencias inglesas.

Aurreko orrialdeetan: Olabeaga, inguruan zubirik ez dagoenean ibaia gurutzatu ohi duen gasolino klasiko baten irudia eta Zorrotzako Tailerrak, ingeles kutsuko industria arkeologia.

Previous pages: Olabeaga, Zorroza workshops and the outline of a classic fuel duct that crosses the river where there are no bridges, industrial archaeology with British reminiscences.

Arriba, muelle y casas de la ribera de Zorrozaurre. Vista nocturna de este antiguo barrio portuario, hoy día pendiente de una profunda reconversión urbana.

Goian, Zorrotzaurreko Erriberako Kaia eta etxeak. Gaur egun hiri birmoldaketa sakonaren zain dagoen portu-auzo zahar honen gaueko ikuspegia.

Above, docks and houses of the Ribera de Zorrozaurre. A night view of this former port quarter, which today awaits through urban reconversion.

La

Izquierda, mareómetro de Portugalete. Este vetusto artefacto, situado en el muelle y paseo de la villa de Portugalete, sigue midiendo el nivel de las mareas en la bocana de la ría de Bilbao. Página de al lado, grúas de los astilleros en Sestao. Paisaje fabril nocturno, en uno de los recodos de mayor concentración industrial de la ría.

Alboan, Portugaleteko Mareometroa. Portugaleteko pasealekua den Kaian kokatuta dagoen tramankulu zahar honek Bilboko itsasadarraren bokaleko itsasaldien maila neurtzen jarraitzen du. Alboko orrialdean, Sestaoko Ontziolako garabiak. Itsasadarrean industria gehien biltzen den bihurguneetako batean industri paisaia gautarra.

Left, the Portugalete tide gauge. This ancient artefact, situated on the dock and promenade of the town of Portugalete continues to gauge the tide level at the mouth of Bilbao's estuary. Opposite page, shipyard cranes in Sestao. A night view of the factory landscape on one of the bends of the estuary with the highest concentration of industry.

arqueología
industrial

Industria arkeologia
Industrial archaeology

El canal de Deusto, la curva de
Elorrieta y el Puente de Róntegui.
El canal, apéndice artificial de la ría
excavado hace casi medio siglo, es el
último muelle portuario de Bilbao
que, en pocos años, se trasladará
definitivamente al futuro
superpuerto en Santurtzi. Al fondo el
puente de Róntegui, el más elevado
de los que cruzan la ría.

Deustuko Ubidea, Elorrietako
bihurgunea eta Errontegiko zubia.
Ubidea, orain ia mende erdi
egindako itsasadarraren luzakin
artifiziala da. Bilbon portuak duen
azken kaia da eta urte gutxi barru
betiko eramango da Santurtziko
Superportura. Atzean Errontegiko
zubia, itsasadarra zeharkatzen
dutenen artean garaiena.

The Deusto channel, the Elorrieta
bend and the Róntegui bridge.
The channel, a man-made add-on to
the estuary, excavated almost half a
century ago, is the last port dock in
Bilbao. In a few years' time, it will
be moved to its definitive location in
the future Superport at Santurtzi. In
the background is the Róntegui
bridge, which is the highest of those
that cross the estuary.

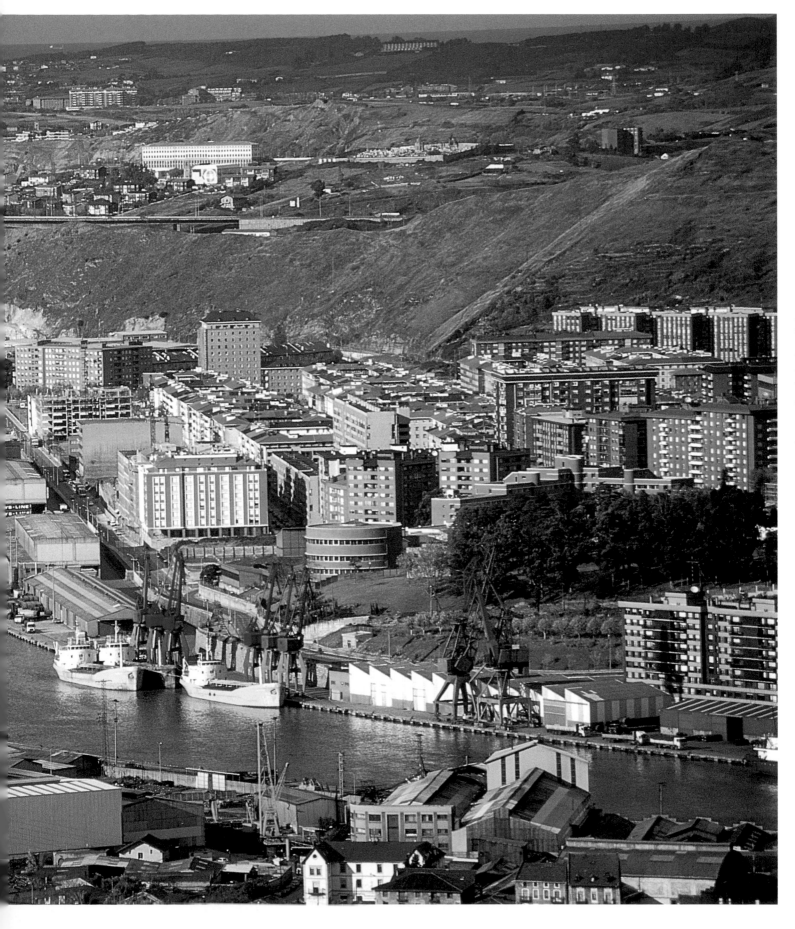

Paisaje Urbano / Hiriko Paisaia / Urban Landscapes

Izquierda, balcón sobre los Altos Hornos. Vestigios de un pasado industrial y social. En la página de al lado, algo que ya pasó a la historia: los hornos a pleno rendimiento. Abajo, contraluz de los hornos números 1 y 2. Hoy, cerrados los Altos Hornos, solamente uno se ha salvado del desmantelamiento industrial.

Ezkerrean, Labe Garaiak goitik ikusita. Iragan industrial eta sozial baten aztarnak. Alboko orrialdean, jada historia den zerbait: labeak lanean bete-betean. Behean, 1 eta 2 labeak argiaren kontra. Gaur egun Labe Garaiak itxita daude, bat bakarrik salbatu da industria eraitsi ondoren.

Left, vantage point of the blast furnaces, remnants of a social and industrial past. Opposite page, an image that is now history: the furnaces at full blast. Below, a view against the light of the number 1 and 2 furnaces. Nowadays, with the blast furnaces closed down, only one has survived industrial dismantlement.

Arriba, viejo cargadero de mineral en Barakaldo, único superviviente de los cinco que en 1877 construyó la Orconera a orillas del Nervión. Al lado, astilleros de Sestao. Uno de los pocos astilleros que mantienen la vieja tradición de construcción naval en la ría, tradición que se remonta a la Alta Edad Media.

Goian mineralen zamaleku zaharra Barakaldon. 1877an Orconerak Ibaizabal ibaiaren ertzean egin zituen bostetatik gelditzen den bakarra. Alboan, Sestaoko Ontziola. Itsasadarrean ontziak eraikitzeko tradizio zaharrari eusten dioten ontziola bakanetako bat. Erdi Arotik datorkigu tradizio hori.

Above, the old mineral loader in Barakaldo, the sole survivor of the five that were built by the Orconera on the banks of the Nervión in 1877. Opposite, the Sestao shipyards. One of the few shipyards in the estuary that maintain their old shipbuilding tradition, a tradition that stretches back to the early Middle Ages.

Paisaje Urbano / Hiriko Paisaia / Urban Landscapes

Ría de Bilbao. Un barco mercante coincide con una trainera. La ría constituye un excelente espacio de entrenamiento para uno de los deportes más populares del País Vasco. En la página de al lado y en la doble página siguiente, puente colgante entre la niebla de Portugalete. El ingeniero Alberto Palacio, discípulo de Eiffel, terminó en 1893 el actual puente y transbordador, primero de su estructura en el mundo.

Bilboko Itsasadarra. Merkataritzako ontzi batek eta traineru batek topo egin dute. Itsasadarra oso gune egokia da Euskal Herrian hain ezaguna den kirol horren entrenamendurako. Alboko orrialdean eta hurrengo bi orrialdeetan, zubi zintzilikaria Portugaleteko behe lainoaren artean. Alberto Palacio ingeniariak, Eiffelen jarraitzaileak 1893an amaitu zuen egungo zubi-transbordadorea, munduan egitura hori duen lehena.

The Bilbao estuary. A merchant ship coincides with a small fishing boat. The estuary is excellent training ground for one of the most popular sports in the Basque country. Opposite page and following double page, the suspension bridge in the Portugalete mist. When the engineer Alberto Palacio, a pupil of Eiffel, finished the present bridge and ferry in 1893, it was the first in the world with this kind of structure.

Paisaje Urbano / Hiriko Paisaia / Urban Landscapes ●

Aurreko bi orrialdeetan. Bilboko itsasadarraren bokalea Portugalete eta Areeta artean. Goian, itsasgolkoaren ikuspegia: aurrean Santurtziko portua, atzean Areetako eta Getxoko kaia. Alboan, Santurtziko hirigunearen airetiko ikuspegia, atze oihal bisa Itsasgolkoa eta Getxo dituela.

Previous double page, the mouth of the Bilbao estuary, between Portugalete and Las Arenas. Above, a view of the Abra: in the foreground is the port of Santurtzi, and in the background, the docks of Las Arenas and Getxo. Opposite, an aerial view of the urban area of Santurtzi, with the Abra and Getxo in the background.

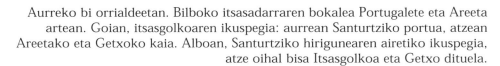

Paisaje Urbano / Hiriko Paisaia / Urban Landscapes

Doble página anterior. Desembocadura de la ría de Bilbao entre Portugalete y Las Arenas. Página anterior, panorámica del Abra: en primer término, el puerto de Santurtzi; al fondo el muelle de Las Arenas y Getxo. Abajo, vista aérea del espacio urbano de Santurtzi, con el Abra y Getxo como telón de fondo.

Paisaje Urbano / Hiriko Paisaia / Urban Landscapes

La Margen

Izquierda, Getxo, muelle de Las Arenas: monumento a Evaristo de Churruca, el ingeniero que desarrolló el sistema de muelles del Abra. En la página de al lado, Getxo. Restinga en la playa de Arrigúnaga. Los niños «cazan» carramarros aprovechando la bajamar. Doble página siguiente: El Abra. Atardecer en el muelle y paseo marítimo de Las Arenas. Las casas de la alta burguesía de Neguri se tiñen del sol de poniente.

Alboan, Getxo, Areetako Kaia: Evaristo de Churrucaren, Itsasgolkoko kaien sistema garatu zuen gizonaren Oroigarria. Alboko orrialdean, Getxo. Hondar-pila, Arrigunagako hondartzan. Haurrak karramarroen «ehizan», itsasbehera aprobetxatuz. Hurrengo bi orrialdeetan: Itsasgolkoa. Ilunabarra Areetako pasealekua den itsas-kaian. Neguriko burgesia handiaren etxeak ezkutatzear dagoen eguzkiaren argitan.

Left, Getxo, the docks of Las Arenas: the monument to Evaristo de Churruca, the engineer who developed the Abra docks system. Opposite page, Getxo. Sandbank on the Arrigúnaga beach. Children "hunt" crabs in the low tide. Double following page, The Abra. Dusk in the Las Arenas docks and seafront. The houses of the upper bourgeoisie of Neguri are tainted with the colour of the setting sun.

Derecha
Eskuin Aldea
The Right Side

Página de al lado, faro y fondeadero del muelle de Arriluce. A su vera ha nacido el puerto deportivo de Getxo y sus instalaciones de ocio. Derecha, molino de Aixerrota. Su silueta se hace inconfundible sobre el acantilado de La Galea.

Alboko orrialdean, Arriluzeko Kaiko faroa eta ainguratokia. Bere aldamenean jaio dira Getxoko Kirol Portua eta bere aisialdirako instalazioak. Eskuinean, Aixerrotako errota. Bere irudia ezaguterraza da Galeako itsaslabarrean.

Opposite page, lighthouse and berth of the Arriluce docks. Its banks have seen the birth of the Getxo marina and its leisure installations. Right, the unmistakeable outline of the Aixerrota mill on the cliffs of La Galea.

Arquitecturas de Getxo. Arriba, Casa-palacio de los Lezama-Leguizamón en Neguri. Un magnífico ejemplo de la
arquitectura burguesa de principios del siglo XX en esta zona residencial. Página de al lado, arriba, bloques
residenciales en el muelle de Las Arenas. En el pequeño parque destaca el monumento a Evaristo Churruca. Abajo,
casas de pescadores en el Puerto Viejo de Algorta, un conjunto urbano de sabor popular muy bien preservado.

Getxoko arkitekturak. Goian, Lezama-Leguizamondarren Jauretxea Negurin. Bizitegi-zona honetan XX
mende hasierako arkitektura burgesaren adibide ederra. Alboko orrialdean, goian, Areetako Kaian
bizitegi-blokeak. Parke txikian Evaristo Churrucari eskainitako Oroigarria nabarmentzen da. Behean,
arrantzaleen etxeak Algortako Portu Zaharrean. Oso ongi zaindutako kutsu herrikoieko multzo urbanoa.

Getxo architecture, the palace-residence of the Lezama-Leguizamón in Neguri. A magnificent example
in this residential area of the bourgeoisie architecture of the beginning of the 20th century. Opposite page,
top, residential blocks in the docks of Las Arenas. The small park harbours the monument to Evaristo Churruca.
Below, the fishermen's houses in the old port of Algorta, a well-preserved urban area with popular flavour.

UNA CIUDAD VIVA

Hiri Bizia

A Living City

Una Ciudad Viva

La villa de Bilbao, forjada sobre el hierro y el agua, comenzó a prosperar a principios del siglo XIX, cuando tenía unos 18.000 habitantes. Sus hijos –su verdadera riqueza, según Unamuno– la fueron enriqueciendo con dureza, honradez, tenacidad, arte e ingenio. El patrimonio cultural forjado en Bilbao en el último siglo y medio es considerable... literatura, arte, música, arquitectura, filosofía... política. El Museo Guggenheim, lo último, se levantó en Bilbao porque los responsables de la Fundación en Nueva York decidieron que tenía que ser aquí. Y convencieron al Gobierno Vasco. Aunque en Bilbao teníamos uno de los Museos de Bellas Artes más importantes de España.

Decía el bilbaíno Ramón de Basterra en 1917: «¡Anchura, anchura, que aquí cabe todo! Pero si lo que urge es que todo ese caudal pujante de energías espirituales y materiales que ha levantado entre nosotros el primer siglo de nuestra historia civil, el XIX, sea hecho nuestro. Cerremos ese caudal de todos, continuamente enriquecido, con los bordes de nuestras montañas».

De un bilbaíno universal, Miguel de Unamuno, escribía hace unos años el premio Nobel de Literatura Günter Grass: «Los dirigentes de la Europa que se está haciendo necesitan a pensadores de la talla de Unamuno que les puedan servir de guía. Los europeos necesitan escritores como Unamuno, dotado de una gran intensidad reflexiva... Unamuno invita a pensar, es un ilustrado en cuanto a la necesidad de clarificar las ideas...».

Sí, tenemos un formidable patrimonio cultural y una ciudad viva con una ría que, como decía Pío Baroja, es su arteria aorta. Y estamos de acuerdo con Don Miguel: «¡Arriba, mi Bilbao, que el porvenir es tuyo!»

Ángel Mª Ortiz Alfau
Coordinador del periódico municipal «Bilbao»

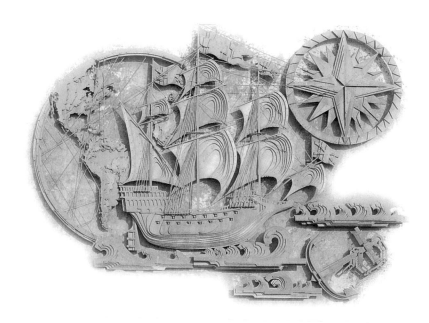

Hiri Bizia

Bilboko hiria, ur eta burdina gainean sortua, XIX. mendearen hasieran hasi zen aurrera egiten, 18.000 biztanle inguru zituela. Bertako bizilagunek –hiriaren benetako altxor, Unamunoren hitzetan– gogor, zintzo, trebe, zorrotz eta kementsu ekin zioten hiria aberasteari. Bilbon azken mende eta erdian sortutako kultur ondarea handia da oso... literatura, artea, musika, arkitektura, filosofia... politika. Azken bultzada izan den Guggenheim Museoa Bilbon eraiki bazen, Fundazioko New Yorkeko arduradunek hala erabaki zutelako izan zen. Eta Eusko Jaurlaritza konbentzitu zuten, Bilbok Espainiako Arte Ederretako Museorik garrantzitsuenetakoa bazuen ere.

Ramón de Basterra bilbotarrak 1917an zioen bezala: «Zabal, zabal, hemen guztia sartzen baita!. Premiazkoena, hala ere, geure historia zibilaren lehen mendeak, XIXak hain zuzen, geure artean utzi duen energia espiritual eta material kementsu guztia geureganatzea da. Hertsi dezagun, bada, geure mendiez inguraturik, etengabe aberastuz doan guztion ondasun hori».

Hona hemen zer zioen duela urte batzuk Günter Grass Literatura Nobel Sariak Miguel de Unamuno bilbotar unibertsalari buruz: «Eraikitzen ari den Europako buruzagiek Unamuno bezalako pentsalariak beharko lituzkete gidari. Europarrek Unamuno bezalako idazle burutsuak behar dituzte... Unamunok pentsatzera gonbidatzen gaitu, ilustratu bat da, ideiak argitu beharrari emana...».

Horrenbestez, kultur ondare aberatsa eta hiri bizia dugu, Pío Barojak zioen bezala, itsasadarra arteria aortatzat duen hiria. Eta bat gatoz Don Miguelekin: «Gora Bilbo, zeurea baita etorkizuna!».

Ángel Mª Ortiz Alfau
«Bilbao» Udal Egunkariko Koordinatzailea

A Living City

Built upon iron and water, the town of Bilbao began to prosper at the beginning of the 19th century, when her inhabitants numbered 18,000. Her children, who were considered by Unamuno to be her true wealth, enriched her with discipline, honour, tenacity, art and genius. The cultural heritage that has been forged together in Bilbao over the last century and a half is of considerable importance... literature, art, music, architecture, philosophy... politics. Its latest attire, the Guggenheim Museum, was erected in Bilbao because the persons responsible for the Foundation in New York decided that it had to be here, and despite the fact that Bilbao already had one of the most important Fine Arts Museums in Spain, they succeeded in convincing the Basque government.

In 1917, the Basque Ramón de Basterra said: "There is width enough for it all to fit! However, if what is needed is for that forceful flow of spiritual and material energy that is the result of our first century of civil history to be ours, let us enclose that flow, which comes from all of us, within a frontier made up of our mountains".

Some years ago, the winner of the Nobel Prize for Literature, Günter Grass, wrote of one of Bilbao's more universal children, Miguel de Unamuno, "The leaders of Europe that are currently developing need thinkers of the class of Unamuno to serve as their guide. We Europeans need writers like Unamuno, gifted with a great reflexive intensity... Unamuno invites thought. He is a genius when it comes to the need for clarifying ideas..."

Indeed, we have a considerable cultural heritage and a living city with an estuary that, as Pío Baroja once said, constitutes its aorta artery. We are in agreement with don Miguel: "Long live Bilbao, for the future is yours!"

Ángel Mª Ortiz Alfau
Coordinator of the municipal newspaper "Bilbao"

Espacios

Izquierda, escultura de Chillida en la Universidad del País Vasco (campus de Leioa), que representa el anagrama de la U.P.V. En la página de al lado, escena de la ópera Tannhäuser. *Bilbao es un centro operístico internacional que celebra anualmente su temporada de ópera promovida por la Asociación A.B.A.O.*

Ezkerrean, Chillidaren eskultura Euskal Herriko Unibertsitatean, Leioako kanpusean, E.H.U.ren anagramaren jatorrizko irudia. Alboko orrialdean, *Tannhäuser* operaren eszena. Bilbao gune garrantzitsua da nazioartean operari dagokionez, eta urtero izaten du bere Opera Sasoia, A.B.A.O. Elkarteak antolatuta.

Left, a Chillida sculpture in the Leioa campus of the País Vasco University. It represents the university's logo. Opposite page, a scene from the opera Tannhäuser. *Bilbao is an international opera venue, with an opera season held every year and promoted by the A.B.A.O. association.*

de cultura
Kultur guneak
Cultural spaces

El Museo Guggenheim. Doble página anterior, vista exterior del conjunto por el lado norte. Obra maestra del norteamericano Frank Ghery –realizada en piedra, cristal y titanio–, la atrevida arquitectura de este edificio ha convulsionado el espacio urbano de la ciudad, convirtiéndose en el buque insignia de Bilbao. Arriba, «Puppy» de Jeff Koons. Esta gran mascota escultórica de un perro floral, hace guardia en el exterior del museo. Página de al lado, impresionante terraza sobre la ría en el lado norte del museo. La gran marquesina metálica y la iluminación nocturna acrecientan el impacto visual.

Guggenheim Museoa. Aurreko bi orrialdeetan, kanpoko ikuspegi orokorra, iparraldetik ikusita. Frank Gehry iparramerikarraren maisulana –harriz, beiraz eta titanioz egina– eraikin honen arkitektura ausartak hirigunea astindu du, eta Bilboren ikur bihurtu da. Goian, Jeff Koons-en «Puppy». Lorezko zakurra irudikatzen duen maskota eskultoriko handi hau museoaren kanpoko aldean dago, zaindari. Alboko orrialdean, museoaren iparraldean terraza ikaragarria ibaiaren gainean. Metalezko markesina erraldoiak eta gaueko argiek areagotu egiten dute begi-inpaktua.

The Guggenheim museum. Previous double page, an exterior view of the north side of the building. It is a masterpiece by the American Frank Ghery. The bold architecture –in stone, glass and titanium- has revolutionised the urban space of the city, and has lead the museum to be Bilbao's flagship. Above, "Puppy" by Jeff Koons. This large sculpture of a flower dog stands guard outside the museum. Opposite page, an impressive terrace above the estuary on the northern side of the museum. Together with the night lighting, the great metal canopy increases the visual impact.

Una Ciudad Viva / Hiri Bizia / A Living City

Museo de Bellas Artes. En la página de al lado, detalle del monumento al compositor Juan Crisóstomo de Arriaga –el Mozart vasco– sobre el estanque exterior del museo, y exterior del espacio museístico, presidido por una escultura colgante de Eduardo Chillida realizada en cemento armado. Arriba y en la doble página siguiente, salas de pintura clásica española.

Arte Ederretako Museoa. Alboko orrialdean, museoaren kanpoko urmaelean dagoen Juan Crisóstomo de Arriaga –Mozart euskalduna– musikagilearen oroigarriaren xehetasuna eta zementu sendotuz egindako Eduardo Chillidaren eskultura zintzilikaria. Goian eta ondorengo bi orrialdeetan, barruko ikuspegiak, espainiar pintura klasikoari eskainitako gelak.

The Fine Arts museum. Opposite page, view of the monument to the composer Juan Crisóstomo de Arriaga –the Basque answer to Mozart– above the outside pond of the museum, and the outside of the museum, presided by a hanging statue by Eduardo Chillida in reinforced concrete. Above and the following double page, rooms with classical Spanish paintings.

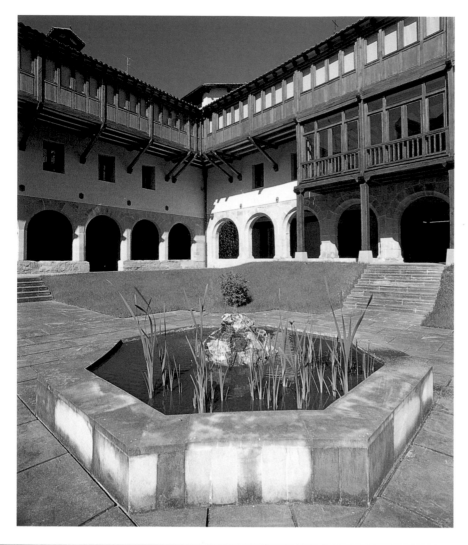

Museos de Bilbao. Arriba izquierda, el Museo Diocesano de Arte Sacro. Abajo, interior del Museo de Reproducciones Artísticas. Sobre estas líneas, Museo Arqueológico, Etnográfico e Histórico Vasco.

Bilboko museoak. Goian ezkerretara, Arte Sakratuaren Eliz Museoa. Behean Erreprodukzio Artistikoen
Museoa. Barruko aldea. Lerro hauen gainean, Arkeologiako, Etnografiako eta Historiako Euskal Museoa.

*Bilbao museums. Above left, the Diocesan museum of Religious Art. Below, the inside of the museum of Artistic
Reproductions. Above these lines, the Archaeological, Ethnographic and Basque History museum.*

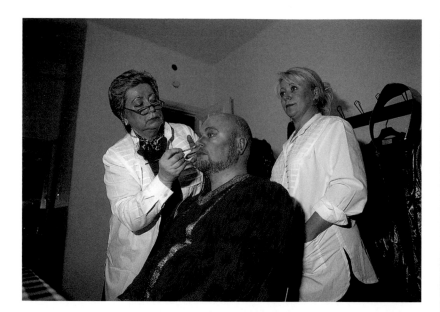

Doble página anterior y junto a estas líneas, diferentes aspectos del Teatro Arriaga: fachada, detalles y planta noble. Este edificio neobarroco francés, construido en 1890 por Joaquín de Rucoba –que se inspiró en la Ópera de París–, preside la Plaza del Arenal.

Aurreko bi orrialdeetan eta lerro hauen aldamenean: Arriaga Antzokiaren zenbait ikuspegi: fatxada, xehetasunak eta solairu noblea. Frantziar neobarroko estiloan egindako erakin hau 1890ean jaso zuen Joaquín de Rucobak Pariseko Operan inspiratuta, eta Areatzako Plazari begira dago.

Previous double page and next to these lines, different views of the Arriaga theatre: façade, details and the aristocrat floor. This neo-French baroque building, inspired by the Paris opera building, was built in 1890 by Joaquín de Rucoba and presides the Plaza del Arenal.

*Espacios culturales. Arriba, Palacio «Euskalduna» de Congresos y de la Música. Vista del Auditorium principal.
Un firmamento en el techo y 2.200 espectadores en la sala. Página de al lado, arriba: Sociedad Bilbaína. Interior
de la biblioteca. Creada al estilo de los clubs ingleses, en el año 1913 se instaló en su sede actual. Página de al lado,
abajo, Biblioteca Municipal de Bilbao (Salón de Conferencias). Antigua sede de la Sociedad liberal «El Sitio»,
ocupa un edificio de fachada palaciega en la calle Bidebarrieta del Casco Viejo.*

Kultur esparruak. Goian, «Euskalduna» Kongresuen eta Musikaren Jauregia. Entzutegi nagusiaren ikuspegia. Sabaian
izarrartea eta aretoan 2.200 ikus-entzuleentzako tokia. Alboko orrialdean, goian: Bilbaina Elkartea. Liburutegia
barrutik. Ingelesen kluben antzera sortu zen eta 1913. urtean instalatu zen gaur egun dagoen eraikinean. Alboko
orrialdean, behean, bilboko Udal Liburutegia. Hitzaldi Aretoa. «El Sitio» izeneko Elkarte liberalaren egoitza ohia,
Hirigune Zaharreko Bidebarrieta kalean, jauregi itxurako fatxada duen eraikin batean dago kokatuta.

*Cultural spaces. Above, the "Euskalduna" Conference and Music Hall. A view of the main auditorium. A firmament on
the ceiling and 2,200 spectators in the room. Opposite page, top: Sociedad Bilbaína, inside the library. Created in the
style of British gentlemen's clubs, it moved into the present building in 1913. Opposite page, bottom: the Municipal
Library of Bilbao, conference room. It is the former seat of the liberal society "El Sitio", and is located in a building
with a palace-like façade in Calle Bidebarrieta in the historical quarter.*

Una Ciudad Viva / Hiri Bizia / A Living City

Abajo, Universidad de Deusto. Obra ecléctica del Marqués de Cubas en 1886. Regida por los jesuitas, es una clásica institución bilbaína con proyección internacional. Página de al lado, Universidad del País Vasco, campus de Leoia. Exterior de la Facultad de Bellas Artes y vestíbulo del edificio de la Biblioteca Central. Bola del Mundo. La U.P.V. se creó en 1980 como Universidad Pública Vasca, con tres campus correspondientes a las tres capitales vascas.

Goian, Deustuko Unibertsitatea. Marqués de Cubasek 1886an egin zuen eraikin eklektikoa, Jesuiten egoitza. Nazioartean ezaguna den bilbotar erakunde klasikoa da. Alboko orrialdean, Euskal Herriko Unibertsitatea, Leioako Kanpusa. Arte Ederretako Fakultatearen kanpoaldea eta Liburutegi Nagusia dagoen eraikinaren sarrera. Munduko bola. E.H.U. 1980an sortu zen Euskal Unibertsitate Publiko gisa, Euskadiko hiriburu bakoitzean kanpusa duela.

Above, the University of Deusto. An eclectic work by the Marquis de Cubas in 1886. It is run by Jesuits and is a classic Bilbao institution of international repute. Opposite page, the Leoia campus of the País Vasco University. Outside the Fine Arts faculty, and the hall of the Central Library building. A globe. The País Vasco University was created in 1980 as a public Basque university with three campuses corresponding to the three Basque provincial capitals.

Ocio

Izquierda, conmemoración del VII Centenario de la Fundación de Bilbao. Don Diego López de Haro, el fundador, saluda «en vivo». Página de al lado, un «otxote», ocho gargantas, cantando las típicas «bilbainadas».

Alboan, Bilbo sortu zeneko VII Mendeurrenaren Ospakizuna. Don Diego López de Haro, sortzailea, «bizi-bizirik» herritarrak agurtzen. Alboko orrialdean «otxote» bat, zortzi eztarri «bilbainada» ezagunak kantatuz.

Left, commemoration of the VII Centenary of the Foundation of Bilbao. The founder, don Diego López, sends his greeting "live". Opposite page, an "otxote", eight voices singing "bilbainadas", the typical songs of Bilbao.

en la calle

Aisia kalean

Street leisure

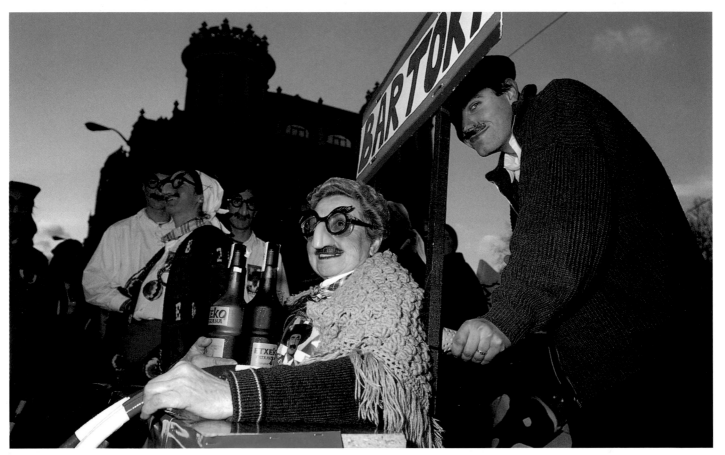

Una Ciudad Viva / Hiri Bizia / A Living City

Aurreko
orrialdean, goian:
Otsailaren 4ko gauean,
Bilboko kaleak Santa
Agedari kantatzen dioten
abesbatzez betetzen dira,
beren makilen soinuz;
behean: umore ona eta
pantomima inauterietan.
Alboan, cofradeek pauso
bat daramate Bilbon
tradizio handia duen Aste
Santuan. Balio artistiko
handiko 19 pauso
eta beste hainbeste
kofradia daude.

Previous page, above:
on the night of 4th
February, the streets
of Bilbao fill with choirs
that sing to St. Águeda
to the rhythm of their
walking sticks; below,
good fun and pantomime
during Carnival.
Right, brotherhoods
carrying a statue during
Holy Week in Bilbao.
This religious festival is
deeply rooted in the town
and has 19 fraternities
and statues of great
artistic value.

Página anterior, arriba: la noche del 4 de febrero las calles de Bilbao
se llenan de coros que cantan a Santa Águeda, al son de sus bastones;
abajo: buen humor y pantomima durante los Carnavales.
Arriba, cofrades portando un paso en la tradicional Semana Santa de
Bilbao, festividad religiosa de gran solera en la villa que cuenta con
19 cofradías y pasos de gran valor artístico.

Bilbao en fiestas. Arriba izquierda, el Gargantúa «se come» a los niños. Arriba derecha, el VII Centenario hizo revivir a la antigua burguesía de Bilbao, que desfiló simbólicamente por el Arenal. Abajo, Marijaia, la muñeca, obra de Mari Puri Herrero, que simboliza la fiesta por excelencia –la Aste Nagusia–, fiestas grandes de Bilbao en el mes de agosto. En la página de al lado, grupo de dantzaris bailando la «ezpatadantza».

Bilboko jaiak. Goian, ezkerrean, Gargantuak haurrak «jaten» ditu. Goian, eskuinean, VII Mendeurrenak Bilboko burgesia zaharra berpiztu zuen eta Areatzan desfilatu zuen sinbolikoki. Behean, Marijaia, Mari Puri Herrerok egindako panpina, Bilboko jai handienaren – abuztuan ospatzen den Aste Nagusiaren – ikurra. Alboko orrialdean, dantzari taldea «ezpatadantza» dantzatuz.

Bilbao at festival time. Above left, the Gargantúa "eats" the children. Above right, the VII Centenary brought the old Bilbao bourgeoisie back to life in a symbolic parade through El Arenal. Right, Marijaia the doll, by Mari Puri Herrero, is a symbol of the festival par excellence, the Aste Nagusia. This festival is Bilbao's most important one and takes place during the month of August. Following page, a group of dantzaris performing the "ezpatadantza".

Aste Nagusiaren zenbait ikuspegi. Gauero, Nazioarteko Suen Lehiaketan, ibaia argitzen da. Haurrak pozaren pozez, aparretan blai. Jaiak xanpainez bustitzen dira, hau da, «Bilboko urez». Gazte denborak gogora ekarriz: dantzaldi herrikoia La Casillako Plazan.

Various views of the Semana Grande (Big Week). During the International Fireworks Competition, the estuary is lit up every night. Children enjoying a street foam bath. The festivals swim in champagne, known locally as "Bilbao water". Remembering times of youth: a popular dance in the Plaza de La Casilla.

Varios aspectos de la Semana Grande. Cada noche, en el Concurso Internacional de Fuegos Artificiales, estos iluminan la ría. Los niños son felices en un baño callejero de espuma. Las fiestas se mojan con champán, esto es, con «agua de Bilbao». Recordando tiempos mozos: baile popular en la Plaza de La Casilla.

Una Ciudad Viva / Hiri Bizia / A Living City ●

*Oficios de juventud: patinadores por
el Parque de Deusto –al fondo se destaca
el Palacio Euskalduna–; Graffitis en la
ciudad, arte en la calle; y «skaters»
en las pistas de la ribera de Deusto.*

Gazteen lanak: Patinatzaileak Deustuko
parkean –atzean Euskalduna Jauregia
ikusten da–; Graffitiak hirian, kaleko
artea; eta «skater» izenekoak Deustuko
Erriberako pistetan.

*Games of youth: Skaters in the Deusto
Park, with the Euskalduna hall in the
background; Graffiti in the city, street art;
skaters in the Ribera de Deusto rinks.*

Una Ciudad Viva / Hiri Bizia / A Living City ●

En competición. Arriba, regata de traineras en el puerto exterior –Bandera del Abra– y trainera en la ría –Bandera Villa de Bilbao–. Al lado, pelota vasca. Escena en el frontón: fuerza, rapidez y agilidad.

Lehian. Goian, traineru erregata kanpoko portuan –Abrako Bandera– eta trainerua itsasadarrean –Bilbo Hiriaren Bandera–. Alboan, Euskal Pilota. Pilotalekuan: indarra, lastertasuna eta zalutasuna.

In competition. Above, fishing boat regattas in the outer port –Bandera del Abra– and a small fishing boat in the estuary –Bandera Villa de Bilbao–. Opposite, pelota. At the front wall: strength, speed and agility.

Goian, Herri Kirola. Idi-Proba Areatzan eta Harrijasotzea. Behean, San Mameseko zaletuek beti animatu ohi dituzte beren Athletic-eko lehoiak.

Above, rural Basque sports. Stone dragging in El Arenal, and stone lifting. Below, the supporters at the San Mamés stadium always sing to the "lions" of their Athletic Bilbao F.C.

*En la página de al lado: arriba, deporte rural vasco.
Arrastre de piedra en el Arenal y levantamiento
de piedra; abajo, la afición de San Mamés siempre
anima a los «leones» de su Athletic.
Al lado, Casco Viejo. Calle de Tendería. Iluminación
nocturna de Navidad. Abajo, Café Iruña. Jardines de
Albia. Ambiente nocturno en el exterior del local.*

Alboan, Hirigune Zaharra. Tenderia kalea. Eguberrietako
argiak gauez. Behean, Iruña Kafetegia. Albiako Lorategia.
Gaueko giroa lokalaren kanpoan.

*Right, the historical quarter. Calle de Tendería. The night-
lights of Christmas. Below, Café Iruña. The Albia gardens.
Night atmosphere outside the premises.*

Una Ciudad Viva / Hiri Bizia / A Living City

Merkatuak miatuz. Goian, hirigune zaharreko Plaza Berria. Abenduaren 21ero Santo Tomas egunez egiten den eguberrietako azoka. Alboko orrialdean, Erriberako Hornidura Merkatu Zentrala. Fruituen eta barazkien atala eta arrainen atala.

Around the markets. Above, Plaza Nueva in the historical quarter. The traditional Christmas market of Santo Tomás is held every 21st December. Opposite page, Central Food Market of La Ribera, fruit and vegetable stalls, and fish stalls.

Concurso de bacalao durante la Semana Grande. El jurado delibera. Plato con cuatro especialidades de bacalao: al pil-pil, a la vizcaína, «Guria» y al Club Ranero. Al lado, un «txoko». Cocinero en acción: Mariano Fernández de la Sociedad Gure Txoko.

Bakailao Lehiaketa Aste Nagusian. Bakailao lau eratan prestatua: pil-pilekoa, Bizkaiko erakoa, Guria eta Club Ranero deritzona. Alboan, Txoko bat. Sukaldaria ekinean: Gure Txoko Elkarteko Mariano Fernandez.

Cod competition during Semana Grande (Big Week). The jury tastes and ponders. Four specialities: cod "al pil-pil", "a la vizcaína", "Guria" and "al Club Ranero". Opposite, a "txoko" (culinary society). A cook in action: Mariano Fernández of the Gure Txoko society.

Culto a la tradición. Arriba, barras de pinchos. «Fast food» a la bilbaína que despierta
el apetito. Página de al lado, el último artesano botero, en su taller frente a la Alhóndiga.

Tradizioaren gurtza. Goian, pintxoz betetako barrak. Gosetzen duen Bilboko erako «fast food».
Alboko orrialdean, azken zahatogile artisaua Alhondiga parean duen tailerrean.

In line with tradition: above, bars with aperitifs. Appetising Bilbao-style fast food.
Opposite page, the last surviving leather wine bottle craftsman in his workshop opposite the Alhóndiga.

Una Ciudad Viva / Hiri Bizia / A Living City ●

Centro

Izquierda, monumento al ingeniero y promotor industrial Victor Chávarri en la Estación de F.E.V.E., también llamada de la Concordia. Página de al lado, Gran Vía. Sede central de la Caja de Ahorros de Bilbao y Bizkaia denominada B.B.K.

Ezkerrean, Victor Chávarri ingeniari eta industriaren sustatzaile izandakoaren omenezko oroigarria, Konkordia izenez ere ezagutzen den F.E.V.E.ren geltokian. Alboko orrialdean, Gran Vía. B.B.K. esaten zaion Bilboko eta Bizkaiko Kutxaren egoitza nagusia.

Left. Monument to the engineer and industrial promoter Victor Chávarri in the F.E.V.E. station, also known as the Concordia station. Opposite page, Gran Vía. Central headquarters of the Caja de Ahorros de Bilbao y Bizkaia bank, also known as B.B.K.

económico

Ekonomi gunea
Economic centre

*Paisajes portuarios. Doble página anterior: vista panorámica del Puerto de Bilbao
y vista nocturna de ambas orillas del Nervión. En estas páginas, diferentes aspectos del puerto de Bilbao:
contenedores en el puerto exterior a la espera del barco, barco en los muelles, bobinas de chapa listas para
embarcar y emblema del puerto de Bilbao, una carabela que surca los mares.*

*Portuko paisaiak. Aurreko bi orrialdeetan: Bilboko Portuaren ikuspegi
panoramikoa eta Ibaizabal ibaiaren bi ertzak gauez. Orrialde hauetan, Bilboko portuaren
aurpegi desberdinak: edukiontziak kanpoko portuan ontziaren zain, ontzia kaian, xafla-bobinak
ontziratzeko prest eta Bilboko portuaren ikurra, itsasoak urratuz doan karabela.*

*Port landscapes. Previous double previous page: a panoramic view of the port of Bilbao and a night view
of both banks of the Nervión. On these pages, different views of the port of Bilbao: containers in the outer port,
waiting for the arrival of their ship, a ship in the docks, rolls of metal sheets ready to be loaded, and an emblem
of the port of Bilbao, a caravel sailing the seas.*

Primitiva sede del Banco de Bilbao en la Plaza de San Nicolás del Casco Viejo, y dos aspectos del nuevo B.B.V.A. en la Gran Vía bilbaína.

Bilboko Bankuaren egoitza zaharra hirigune zaharreko San Nikolasen Plazan, eta B.B.V.A. berriaren bi aurpegi Bilboko Gran Vian.

Original headquarters of the Banco de Bilbao in Plaza de San Nicolás in the historical quarter, and two views of the new B.B.V.A. in Bilbao's Gran Vía.

Aurreko bi orrialdeetan: Burtsa. Balore Merkatuaren Aretoa. Alboan, Negozio gizonak Gran Vian, eta Zabalguneko erakusleihoa. Hurrengo orrialdean, Berastegi Kalea. Bilboko «Wall Street»-en irudia «City»-ren bihotzean.

Previous double page: the stock exchange. The stock market enclosure. Left, businessmen in Gran Vía and a shop window in the Ensanche. Following page, Calle de Berástegui. A photo of Bilbao's "Wall Street" in the heart of the "City".

Doble página anterior: la Bolsa. Recinto del Mercado de Valores. Arriba, hombres de negocios en la Gran Vía y escaparate en el Ensanche. Página siguiente, Calle de Berástegui. Imagen del «Wall Street» bilbaíno en el corazón de la «City».

EL NUEVO BILBAO

Bilbao Berria
Modern Bilbao

El Nuevo Bilbao

El cambio de siglo encubre en Bilbao una de las mayores transformaciones vividas por esta villa siete veces centenaria. En los últimos años, don Diego López de Haro ha asistido asombrado a innovaciones que nunca pudo siquiera haber imaginado. Desde lo alto de su pedestal de la Plaza Circular, siente el temblor subterráneo de los trenes que circulan por debajo de las calles, uniendo barrios distantes en una red de relaciones medida por el breve intervalo recorrido entre las estaciones del metro. Y, a no mucho tardar, un viejo conocido volverá a deslizarse bajo sus pies, esta vez con suavidad y en silencio, devolviendo a las calles que bordean la ría el tranvía, que tal vez nunca debieran haber perdido. A lo lejos, más que ver se intuye la existencia de algo grande y hermoso, imagen y símbolo del nuevo Bilbao: un perro de flores sentado ante un edificio metálico, vanguardista, titánico. El Museo Guggenheim cuenta con el privilegio de un guardián ecológico y amable, amante de los niños y de la fotografía. ¿Será Puppy el bilbaíno más retratado?

Los aviones a reacción sobrevuelan al fundador de la villa pasando por La Paloma, ese edificio terminal blanco, acristalado y puntiagudo que abre las puertas de Bilbao al mundo. El Puerto, ampliado y engrandecido, tan distante de San Antón y El Arenal. La Feria, tan mayor que se le queda pequeño su traje de bilbaíno. El Palacio Euskalduna, el Museo de Bellas Artes, el Parque Tecnológico, los túneles de Artxanda, la autovía del Txoriherri, Zubi Zuri y el Puente Euskalduna, San Mamés Barria –¿se llamará así?–. Obras y proyectos, planos y maquetas, sueños e ideas, a los que los bilbaínos se han ido habituando en esa reflexión de que el cambio es lo único permanente. Lo tradicional da paso a lo moderno, a lo renovado, a lo futurista. La informática, internet, los teléfonos móviles... Calles que expulsan al automóvil, recuperando imágenes propias de aquel Bilbao lejano, mientras otras dan la bienvenida a la modernidad en Abandoibarra y Amezola.

Y la ría, de aguas más limpias y riberas más cercanas, donde las gentes continúan reconociéndose a sí mismas. Los dos pilares inmutables de Bilbao, que cambia sin cambiar. La ría y las personas. El carácter de Bilbao.

Alfonso Martínez Cearra
Director General de «Bilbao, Metrópoli-30»

Bilbao Berria

Mende aldaketak Bilbok bere 700 urteetan bizi izan duen itxuraldaketarik handienetakoa estaltzen du. Azken urteotan, Diego López de Haro, harritu eta txundituta, sekula imajinatuko ez lituzkeen berrikuntzen lekuko izan dugu. Plaza Zirkularreko bere begiratokitik adi, kale azpitik datorkion Metroaren lurrazpiko dardara sentitzen du. Laster batean, gainera, aspaldiko ezagun duen Tranbiaren berri ere izango du, leun eta isil oraingoan, itsasadar ertzeko kaleak berriz ere zeharkatuko dituena. Urrunean, zerbait handi eta eder sumatzen da, Bilbo berriaren irudi eta sinbolo: lorez eginiko txakur batek zaintzen duen metalezko eraikin abangoardista eta titanikoa. Guggenheim Museoak zaindari ekologiko eta adeitsua du, haur eta argazkilarien lagun. Puppy ote bilbotar erretratatuena?

Hiribilduaren zerua zeharkatzen duten hegazkinak Usoatik aireratzen dira, Bilboren ateak mundura zabaltzen dituen eraikuntza zuri, beiraztatu eta zorrotz horretatik alegia. Portua, handitu eta zabaldua, San Anton eta

Areatzatik hain urrun. Azoka, horren handi eta nagusi, ezen jadanik txiki geratu baitzaio bilbotar jantzia. Euskalduna Jauregia, Arte Ederretako Museoa, Parke Teknologikoa, Artxandako tunelak, Txoriherriko autobidea, Zubi Zuri eta Euskalduna Zubia, San Mames Barria horrela deituko al da?–. Obrak eta proiektuak, planoak eta maketak, ametsak eta ideiak, bilbotarrek dagoeneko barneratuta duten aldaketaren ezinbestekotasunaren adierazgarri. Tradiziotik modernitatera, berritasunera, futurismora. Informatika, internet, telefono mugikorrak Batetik, automobila baztertzen duten kaleak, aspaldiko Bilbo baten irudiak berreskuratuz, eta, bestetik, modernitateari ongi etorria egiten dioten Abandoibarra eta Ametzola.

Eta Itsasadarra, ur gero eta garbiagoak eta ertz gero eta hurbilagoak dituena, bertakoen ispilu izaten jarraitzen du. Aldatu gabe aldatuz doan Bilboko bi zutabe nagusiak. Itsasadarra eta pertsonak. Bilboren nortasuna.

Alfonso Martínez Cearra
Zuzendari Orokorra «Bilbao, Metrópoli-30»

Modern Bilbao

The change of century enshrouds one of the greatest transformations this town has undergone throughout its seven hundred years. During recent years, don Diego López de Haro has been an astonished witness of innovation he could never have imagined. From his pedestal high in the Plaza Circular, he may feel the underground tremble of the trains that run beneath the streets, joining far-off suburbs in a communications network embodied by the brief journeys between each underground station. Not much later, an old acquaintance will pass below his feet, more smoothly and quietly, adorning once again the streets by the estuary with the trams they should perhaps never have lost. In the distance, a great and beautiful shape is sensed rather than seen. It is a symbolic image of modern Bilbao: a flower dog seated in front of a metallic, titanic and avant-garde construction. The Guggenheim Museum has been given the privilege of an agreeable ecological guardian that is kind to both children and photographers. Is Puppy perhaps the most photographed citizen of Bilbao?

Jet planes fly over the city's founder, passing by La Paloma, the white glazed pointed terminal building that opens the doors of Bilbao to the world. The port, extended and enlarged is now distant from San Antón and El Arenal. La Feria is now too big for its Bilbao dress. The Euskalduna Palace, the Fine Arts Museum, the Technological Park, the Artxanda tunnels, the Txoriherri motorway, Zubi Zuri and Euskalduna Bridge, San Mamés Barria –is that its name? These are the works and projects, plans and models, dreams and ideas to which the people of Bilbao have grown accustomed thanks to the train of thought that suggests that the only thing that lasts is the concept of change. Tradition gives way to modernity, to renovation and to futurism. Computers, the Internet, mobile telephones… Streets that are closed to cars, recuperating old Bilbao, while others open their arms to modernity in Abandoibarra and Amezola.

And then there is the estuary, with its cleaner waters and closer banks, where people continue to look at their reflections in the river. These are the two immoveable pillars of Bilbao, which change without changing: its estuary and its people, the character of Bilbao.

Alfonso Martínez Cearra
Managing Director «Bilbao, Metrópoli-30»

En estas páginas, dos aspectos de la Solución Sur de la Autopista A-8. Vista nocturna.
En las dos páginas siguientes: Sifón de Deusto. Tuberías subterráneas. Una inversión millonaria, por la calidad de vida de una ría limpia; y Parque Tecnológico de Zamudio. Edificios singulares. Un semillero de empresas de nueva y alta tecnología.
El grupo escultórico junto al edificio de Robotiker y Gaiker, representa unas vestales contemporáneas.

Orrialde hauetan, A-8 Autopistaren Hegoaldeko Irtenbidearen bi alde. Gaueko ikuspegia.
Hurrengo bi orrialdeetan: Deustuko sifoia. Lurpeko hodiak. Milioi askoko inbertsioa, ibai garbi baten bizi-kalitatearen alde; Zamudioko Teknologia Parkea. Eraikin bereziak. Teknologia berriko eta goi teknologiako enpresen haztegia.
Gaiker eta Robotikerren eraikinaren ondoan dagoen eskultura multzoa, gaur egungo vestaleen irudia.

These pages, two views of the southern solution to the A-8 motorway. A night view.
Following two pages: the Deusto siphon. Underground piping. A million-pound investment for better living and a clean estuary; the Zamudio Technological Park. Unique buildings. A growing ground for new hi-tech businesses.
The collection of sculptures next to the Robotiker and Gaiker building represents contemporary vestals.

El Nuevo Bilbao / Bilbao Berria / Modern Bilbao

El Nuevo Bilbao / Bilbao Berria / Modern Bilbao

Parque de Amézola y sus bloques residenciales.
El más nuevo de la ciudad, nacido sobre los terrenos
de una antigua estación de mercancías.

Ametzolako Parkea eta bere bizitegi-blokeak.
Hirian dagoen berriena, salerosgaien geltoki zahar
baten lurretan jasoa.

Amézola Park and its residential blocks.
The newest in the city, built on the land
of a former freight train station.

El Nuevo Bilbao / Bilbao Berria / Modern Bilbao

Abandoibarra. Arriba, maqueta de Abando Ibarra. El nuevo desarrollo urbano, en pleno centro de la villa, ha puesto en valor todas las antiguas instalaciones portuarias. Página de al lado, Hotel Indautxu en la Plaza Bombero Etxaniz. La nueva arquitectura de cristal rodea un antiguo palacete familiar restaurado.

Abandoibarra. Goian, Abando Ibarraren maketa. Hiriaren erdi-erdian gertatzen ari den garapen berriak, balio handia eman die portuaren instalazio zahar guztiei. Alboko orrialdean, Indautxu Hotela, Etxaniz Bonberoaren Plazan. Beirazko arkitektura berriak, familia jauregitxo zaharberritua inguratu du.

Abandoibarra. Above, a model of Abando Ibarra. New urban development in the city centre itself, has given value to all the former port installations. Opposite page, the Hotel Indautxu in Plaza Bombero Etxaniz. The new glass architecture surrounds a former family palace, now restored.

El Metropolitano de Bilbao tiene un diseño funcional transmitido por su creador, Norman Foster. Arriba, vista general de los andenes. Al lado, boca de metro en la Plaza Circular. Las bocas son popularmente llamadas «Fosteritos» por el nombre de su diseñador.
Doble página siguiente, Palacio «Euskalduna» de Congresos y de la Música. El edificio, de piedra y hierro cortén, ocupa el solar del antiguo astillero del mismo nombre. Su forma asemeja un enorme barco varado.

Bilboko Metroak diseinu funtzionala du, bere egileak Norman Fosterrek hala nahita. Goian, nasen ikuspegi orokorra. Alboan Metroaren sarrera Plaza Biribilean. Jendeak «Fosterito» esaten die, diseinatzailearen izena dela eta.
Hurrengo bi orrialdeetan, «Euskalduna» Kongresuen eta Musikaren Jauregia. Harrizko eta burdin kortenezko eraikina izen bereko ontzitegi ohia zegoen toki berean jaso da. Hondoa jo duen ontzi erraldoia dirudi.

Norman Foster, the creator of the Bilbao underground has given his work a functional design. Above, general view of the platforms. Right, an entrance to the underground in Plaza Circular. The entrances are known locally as "Fosteritos" after the name of their designer.
Following double page, the "Euskalduna" Conference and Music Hall. The stone and iron building is situated on the ground where the former dockyard of the same name once stood. It resembles an enormous ship run aground.

Palacio Euskalduna, gran hall de acceso al Auditorium. Espacio multiuso para exposiciones y cenas de gala con capacidad para 1.000 comensales.

Euskalduna Jauregia, Entzutegira sartzeko hall handia. Askotariko espazioa, erakusketak eta gala afariak egiteko, esate baterako. 1.000 mahai-lagunentzat du tokia.

The Euskalduna Hall, the large hall that gives access to the auditorium. A multiple use space for exhibitions and celebration dinners for up to 1,000 diners.

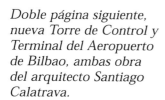

Doble página siguiente, nueva Torre de Control y Terminal del Aeropuerto de Bilbao, ambas obra del arquitecto Santiago Calatrava.

Hurrengo bi orrialdeetan, Bilboko Aireportuaren Terminal eta Kontrol-dorre berriak, biak Santiago Calatrava arkitektoak eginak.

Following double page, the new control tower and terminal at Bilbao airport, both by the architect Santiago Calatrava.

El Nuevo Bilbao
Bilbao Berria
Modern Bilbao

El Nuevo Bilbao / Bilbao Berria / Modern Bilbao

El Nuevo Bilbao / Bilbao Berria / Modern Bilbao

Aurkibitea
Index